中国“一带一路”智库合作联盟理事单位
教育部国别与区域研究中心—西北政法大学中南亚研究中心 **系列研究丛书**
西北政法大学义乌研究院

丛 书 主 编：穆兴天
丛书副主编：王东明

上海合作组织框架内的反恐怖国际合作研究

穆兴天 等 · 著

时 事 出 版 社
北 京

本书得到教育部国际司“援外重点项目”、浙江省绍兴市相关部门资助。

编 委 员

丛书主编简介

穆兴天，西北政法大学民族宗教研究院、义乌研究院院长，教育部国别与区域研究中心—西北政法大学中南亚研究中心主任，二级教授，博士生导师，民族法学首席专家，享受国务院政府特殊津贴专家。兼任中国“一带一路”智库合作联盟理事，中国民族法学研究会、中国立法学研究会常务理事，中国社会科学院法学研究所、国际法研究所法治战略研究部研究员，陕西省民族问题与民族法研究会会长。主持完成国家级课题 4 项，参与 5 项；主持完成省部级课题 19 项，参与 8 项。发表学术论文和研究报告百余篇，主编《西北地区稳定发展与国家安全研究丛书·民族宗教法律问题》（已出版 6 部），主创、设计《中国民族学》《中华民族共同体概论》课程，参编《西北政法大学反恐怖主义系列教材》（已出版 3 部）。主要研究方向为民族学、民族法学、国家安全等。

丛书副主编简介

王东明，刑法学博士学位，英国高地群岛大学访问学者。现任西北政法大学副教授，反恐怖主义法学院（国家安全学院）副院长，反恐怖主义研究院院长。兼任西北政法大学义乌研究院副院长，陕西省反恐怖主义法学研究会秘书长。主要研究方向为刑法学、国家安全法学、反恐怖主义法学、刑事检察理论。出版个人专著《过失共同犯罪理论争鸣与探索》，合著《青少年犯罪司法制度研究》，主编《法的理论探索与制度构建》，参编《中国国家安全法教程》等多部著作；主持、参与国家社科项目 3 项，主持参与省部级项目 5 项，横向科研项目十余项；在《中国法学》《情报杂志》《求索》《青少年犯罪研究》《山东社会科学》《云南社会科学》等刊物上发表学术论文三十余篇。

序

西北政法大学历来强调教学科研工作要理实并重、知行合一。本丛书是西北政法大学义乌研究院和时事出版社联合推出的以“一带一路”国别与区域研究为背景，聚焦内地反恐维安、社会综合治理与反恐国际合作的一套系列研究丛书。

2018年5月，在时任浙江省人民检察院党组书记、检察长贾宇教授的安排下，西北政法大学反恐维安调研组一行8人到浙江杭州、温州、金华、诸暨等地调研。在金华市下辖的义乌市调研时，贾宇教授亲临指导，并与时任义乌市委领导商定，将有“世界小商品之都”“内地城市反恐重镇”“内地反恐形势‘晴雨表’”之称的义乌市，作为西北政法大学反恐怖主义法学院的研究基地，并在此设立研究院，开展内地反恐维安的“义乌经验”，基层社会治理与平安社区建设，民族、宗教事务法治化管理，“一带一路”国际商贸安全与法律问题研究。西北政法大学认为这是在反恐怖主义法学和国家安全研究领域的一次创新实践，对这一举措大力支持，积极与义乌市委市政府协商，并指导反恐怖主义法学院的具体落实。2019年7月18日，时任义乌市委副书记陈小忠和西北政法大学副校长王健代表双方签署战略合作协议。

2019年10月27日，在西北政法大学校党委、校行政以及义乌市委、市政府的大力支持下，在义乌市幸福湖国际会议中心召开“西北政法大学义乌研究院成立大会暨社会治理与反恐维安研讨会”，浙江省人民检察院党组书记、检察长贾宇，副检察长黄生林，西北政法大学校长杨宗科、副校长王健，浙江省公安厅党委委员、副厅长张阿军，金华市委副书记、政法委书记陈玲玲，金华市副市长、义乌市市长王健等出席成立大会。浙江省、金华市、义乌市的公安、检察系统和反恐办相关负责人、研究院专家、学者参加会议。会上，时任西北政法大学校长杨宗科和时任义乌市市长王健为研究院揭牌，西北政法大学义乌研究院正式成立。

研究院成立两年多来，本着“大反恐”格局，围绕着民族、宗教、社会综合治理，“一带一路”倡议沿线国家国情及国家关系，恐怖主义、极端主义犯罪的预防、打击以及法律适用，外国人的教育、服务、管理等问题，与义乌市公安局、反恐支队、检察院、民宗委、教育局及其他反恐成员单位联合攻关，开展了五十余项合作科研项目，五十余个课题组、300多人次到义乌市进行实地调研。截至2022年底，在《西北政法大学反恐维安要报·义乌特刊》上刊登要报200余篇；在《中国刑警学院学报》《中国民族报》《公安学刊》《武警学院学报》《警学研究》《民主与法制周刊》《民主与法制时报》《情报杂志》《社会科学动态》《青海社会科学》等刊物上公开发表科研论文五十余篇；穆兴天等撰写的“‘三股势力’标本兼治论”，王东明等撰写的“义乌市法检部门要提前谋划反恐维稳常态化机制建设”，获得中央反恐办主办的首届“反恐理论和实践研讨会”优秀论文奖，乔巴生、斯琴等教师以义乌为样本的“各民族全方位嵌入型社会建设调研报告”“民族团结地方立法和民族团结进步创建的调查与思考”获得2022年度国家民委社会科学优秀成果二等奖；多篇调研报告获得中央和省部级领导批示肯定或被相关部门采纳。与此同时，研究院专职研究员和兼职研究员撰写的一批专著和译作也陆续成稿。该套丛书就是西北政法义乌研究院成立近三年来成稿的专著和译作的一个阶段性成果总结和展示。

该套丛书的问世得到贾宇、郭永辉、李绍先、李伟、王健等一大批专家、学者的指导和鼎力支持，在此表示衷心的感谢！

最后，要特别感谢浙江省检察院、金华市检察院、义乌市委市政府对义乌研究院研究工作的大力支持；感谢义乌市公安局、义乌市反恐办、义乌市检察院、义乌市民宗委等实务部门对义乌研究院工作所提供的诸多方便；感谢时事出版社的领导和同志们，正是你们的辛勤劳作，本套丛书才能够问世。

义乌市在内地反恐和社会治理方面是一个实践宝库，还有更多的理论与实践经验等待更深的挖掘，我们深知自己做的还远远不够。在义乌市委市政府、西北政法大学的关心和支持下，义乌研究院专兼职研究人员一定会更当砥砺前行，上下求索，争取取得更多的成果。

穆兴天

2022 年 5 月 30 日

加强理论研究
推动新时代反恐工作高质量发展

中国刑法学研究会会长　贾宇

恐怖主义是人类文明的公敌，严重破坏世界和平与安宁。反恐工作事关国家安全，事关人民群众切身利益，事关改革发展稳定全局。党的十八大以来，以习近平同志为核心的党中央统筹国际和国内两个大局、发展和安全两件大事，引领新时代反恐工作取得重大成就，推动反恐怖斗争实现了由被动向主动的根本性好转。但是，当前国际反恐形势仍然严峻，呈现全球化、个体化、社会化、网络化和复杂化的趋势。在全球宗教矛盾冲突升级、恐怖主义滋长的大背景下，反恐工作仍然任重道远。

主动应对恐怖主义威胁，积极有效防范、化解、处置各类涉恐风险，必须坚持党的绝对领导，坚持以人民为中心，贯彻总体国家安全观，充分发挥我国政治制度和意识形态优势，筑起群防群治的铜墙铁壁和思想文化的绿色屏障，及时精准实现对恐怖活动的系统性打击。

首先，必须坚持党对反恐怖工作的绝对领导，切实把党的领导落实到反恐怖工作的各方面、全过程。坚持党的领导，方能确保反恐怖工作始终坚持正确的政治方向，方能充分调用集中统一、上下协同、运行高效的指挥体系，为打赢反恐持久战提供有力的领导保证。坚持党的领导，方能以人类命运共同体凝聚起最广泛的反恐战线，为打击恐怖主义贡献中国智慧和中国力量，展现负责任大国的国际形象。实践证明，必须坚持以习近平新时代中国特色社会主义思想为指导，开辟一条中国特色的反恐怖斗争道路，为中华民族伟大复兴保驾护航。

其次，必须持续推进反恐治理体系现代化。党的二十大报告首次以专章论述国家安全，强调必须坚定不移贯彻总体国家安全观，把维护国家安全贯穿党和国家工作各方面全过程，确保国家安全和社会稳定，这为反恐工作提供了明确指引。推进反恐治理体系现代化，要统筹好国内国外两条战线，做到相互策应和有机统一：对内铸牢中华民族共同体意识，坚持宗教中国化研究，全面贯彻党的民族政策，共同构建抵御恐怖主义思想、极端民族主义的思想屏障；对外树立反恐全球视野，走开放的反恐之路，不断强化反恐国际合作。推进反恐治理体系现代化，要统筹好网上网下两个阵地，将反恐怖斗争从地理空间延伸至网络空间，严防恐怖主义思想的网络传播，阻断暴恐分子的网络通联，切断涉恐资金的网络通道，充分运用网络信息和大数据技术挖掘涉恐情报信息。推进反恐治理体系现代化，还要统筹好行为惩处和思想矫治两个关键，依法主动、精准打击恐怖主义犯罪，保持对恐怖活动的严厉打击震慑态势；持续推进宗教中国化，彻底铲除宗教极端主义滋生的土壤。

最后，必须持之以恒推进反恐工作法治化常态化。随着《国家安全法》《反恐怖主义法》等相继出台，我国国家安全法律制度体系初步形成，反恐体系从以政策为主导走向以法治为基础。在全面推进依法治国的背景下，反恐斗争必须以习近平法治思想为指导，在法治框架内推进，遵循权利保障、正当程序等法治基本原则。这就需要进一步深化对恐怖犯罪案件的定罪标准、办案程序、证据认定的规范性研究，严格遵循法定程序，依法惩治恐怖活动人员，教育挽救有轻微犯罪行为或违法行为的人员，力求在安全、自由与人权等基本价值之间实现平衡。在反恐法治化的基础之上，应从应急性反恐转向常态化反恐，构建上下联动、体系完备的反恐工作常态化机制，扎实做好日常防控和风险监测，并最大程度地激发和鼓励民众参与，形成各方协力反恐的大格局。

浙江是内地反恐的重要区域，绍兴、嘉兴、金华、义乌等地发生过多起涉恐案件。义乌市作为全球最大的小商品集散中心，被联合国、世界银行等机构确定为世界第一大市场，也是“一带一路”的枢纽城市。作为闻名世界的小商品之都，义乌市云集了各国商家，经济发展十分迅速。2014 年 11 月，“义—新—欧”中欧班列开通，义乌市成为始发站，国际贸易空前发展。但与此同时，义乌市也隐藏了许多风险，其中就包括发生恐怖主义犯罪的隐患。义乌市的涉恐要素繁多、反恐形势复杂，具有较高的风险性。确保义乌免受恐怖主义威胁，对于浙江在高质量发展中实现中国特色社会主义共同富裕先行和省域现代化先行，以大中城市反恐、去极端化的有益经验为全国先行探路有着重要意义。

做好新形势下反恐工作，既要重视实践探索，也要发挥理论对实践的反哺作用。早在 2014 年，西北政法大学就成立了反恐怖主义研究院。2019 年 10 月 27 日，在义乌市委、市政府的大力支持下，西北政法大学义乌研究院正式成立。设立义乌研究院，既是应时应势之举，也是坚持理论与实践相结合的产物。研究院成立三年多来，围绕民族、宗教、社会治理、“一带一路”倡议沿线国家国情、恐怖主义极端主义犯罪的预防打击、居义外国人的教育管理等问题，与义乌市检察院、公安局、民宗委、教育局及其他单位开展了 50 余项合作科研项目，在《西北政法大学反恐维安要报・义乌特刊》上刊登要报 200 余篇，公开发表科研论文 50 余篇。与此同时，一些专著和译作也陆续成稿。该套丛书就是对西北政法大学义乌研究院成立三年多来的专著和译作的一个阶段性成果总结和展示，具有十分重要的意义。

“积土而为山，积水而为海。”希望义乌研究院今后更好地发挥西北政法大学在法学、国家安全、反恐理论研究上的优势，更好地总结提炼好义乌在这方面的丰硕成果和实践经验，通过对“一带一路”倡议沿线国家安全形势、投资环境、法律制度的研究，为义乌这座世界小商品之都“走出去、引进来”提供更好的投资指南，为我国反恐事业作出更大贡献。

导　言

恐怖主义是客观的社会现象与犯罪的极端表征。恐怖主义是指在极端主义意识形态驱动下，个人或非法组织为实现某种政治目的，采用暴力或非暴力手段，以非战斗性人员为攻击目标，制造恐怖气氛进而胁迫国家或社会为主要策略的不法行为。恐怖主义的实质就是通过有策略地向目标群体实施无差别的攻击和伤害，以影响作为受众群体的国家行为体来实现恐怖分子的政治议程。

在全球反恐怖力量的共同合作、全力打击之下，国际恐怖主义的迅猛发展势头得到了有力遏制。然而，现存的诸多根源性要素尚未得到有效清理，各个国际关系行为体之间的制衡与竞争加剧了矛盾冲突，有利于国际恐怖主义的客观条件仍然存在，国际社会反恐怖合作的协调性亟待加强，反恐怖道路依旧漫长曲折。

自2017年以来，遭遇沉重打击的“伊斯兰国”碎片化明显，恐怖主义“癌细胞”进一步向非洲、东南亚、南亚与欧洲等地扩散，东亚地区面临的安全威胁更为紧迫；“死而未僵”的“基地”组织欲“东山再起”，加紧争夺国际暴恐“领头羊”，区域内恐怖势力的暴力冲突骤然增多；外籍武装战斗人员主动或被迫回流，潜伏的极端分子遂成各国安全隐患；内生性“本土恐怖主义”与自我激励式“独狼”恐怖袭击时有发生，“暗网”恐怖主义与恐怖融资问题更加棘手；“准国家形态”的恐怖主义实体虽然难再复制，极端意识形态远未消退，甚至正在演变和进化之中；恐怖分子的低龄化现象日趋严重，青少年极端化问题在全球扩展。总之，正在经历深刻结构变革的人类社会依然充满了风险性与不确定性，国际社会所共同期待的“和平、稳定与发展”的目标仍旧面临不小的挑战。

"伊斯兰国"的威胁尤为突出。新冠肺炎疫情可能在客观上为"伊斯兰国"的"卷土重来"提供条件：其一，各国因疲于应对疫情放松了恐怖犯罪治理，部分国家采取了消极反恐、功利反恐政策，极大降低了"伊斯兰国"的生存压力；其二，疫情延缓全球经济发展，激化了一些地区、国家内部的社会矛盾，给与了"伊斯兰国"扩张实力的机会；其三，"伊斯兰国"借用疫情建构所谓"天谴"叙事，继续蛊惑、煽动、招募极端分子。"伊斯兰国"势力仍不容小觑。2020 年 1 月至 8 月，该组织在伊拉克制造袭击事件 292 起。2021 年 8 月 26 日晚，"伊斯兰国"在阿富汗喀布尔机场附近制造连环爆炸案，共导致约 72 人死亡、155 人受伤。受所谓"建国"理念支配，过往"伊斯兰国"优先选择中东"近敌"和反"伊斯兰国"国际势力为攻击对象，"控制"和"报复"是其主要犯罪动机，直接针对中国及其海外利益的恐怖袭击并不多见。当前"伊斯兰国"面临转型，迫于生存和发展需求频频在世界各地策动恐怖袭击，中国海外利益难免受其波及、影响。

反恐怖斗争应"惩防结合"。一方面，要加强对已然的恐怖袭击事件的处置、应对，以及对已知的恐怖组织与个人的追捕、打击。另一方面，要强化对未然的恐怖危险的预防、防范，以及对具有恐怖主义、极端主义倾向群体和人员的预测、矫治。

反恐怖策略需"刚柔并济"。"刚性"的反恐怖措施侧重于对恐怖主义的物理打击、紧急处置与事后追惩。但是，过于强调"刚性"的反恐怖思路容易陷入"以暴易暴"的泥淖。因此，可以利用"柔性"反恐怖方法对反恐怖策略加以补充、调和和完善。"柔性"反恐怖策略是指：以对恐怖主义罪因形成机理的正确认知为前提，通过社会、经济、政治、文化和心理等多元方法进行综合施策的思路。

反恐怖措施须坚持"创新精神"，运用先进理念、科学态度、专业方法和精细标准提高反恐效能。先进的反恐理念指"人类命运共同体"等对全球安全治理产生强大指导作用的思想。科学的反恐态度要求以科学技术"武装"反恐，有效应对生化、核、无人机、人工智能、简易爆炸装置和"暗网"等类型的恐怖主义。专业的反恐方法指专门机构、专门人员从事反恐工作，研究机构可为其提供智力支持，提升专业水平。精细的反恐标准要求创新国际反恐实体和程序规则保障、促进国际反恐合作，如为提高引渡恐怖分子的效率可建立“简易引渡制度”。

反恐怖活动宜“内外结合”。恐怖主义全球治理指国家与非国家行为体为应对国际恐怖主义问题、改善人类安全环境，凭借正式或非正式制度开展的以国际反恐合作为主的实践。当前恐怖主义情势险峻，极端思潮泛滥，反恐道路困难重重，国际合作效果不彰，根源在于旧的恐怖主义全球治理体制难以适应现实需求，新的恐怖主义全球治理共识尚未凝聚。中国是恐怖主义的受害者，身处国际反恐斗争前沿。中国在治理恐怖主义方面取得了显著良好成效，总结了大量有益经验。中国愿意积极投身恐怖主义全球治理中，向世界阐释中国理念，同世界分享中国智慧，为世界贡献中国力量，与各国一道为全人类撑起安全伞。

党的十八大以来，随着总体国家安全观的提出和践行，中国反恐怖策略更为科学合理，反恐怖机制趋于优化完善，去极端化工作扎实推进，以“三股势力”为首的暴力恐怖活动犯罪得到了极为有效和彻底地遏制。但是，我们亦应清醒地认识到，基于国际和国内的各种因素，反恐怖之路必将任重而道远。所以，针对恐怖主义犯罪以及反恐怖策略的研究始终是一项重要、长期和艰巨的课题。

本书以“上海合作组织框架内的反恐怖国际合作”为主线，共分为两大部分：

第一部分为“恐怖主义与反恐怖策略的基础理论”，主要探讨恐怖主义的基本观念、恐怖主义全球治理的“中国方案”以及外国恐怖战斗人员回流问题的应对等。

第二部分为“上海合作组织框架内的反恐怖国际合作”，主要包括反恐怖合作中的上海合作组织、上海合作组织的反恐怖合作、上海合作组织框架内的中亚地区反恐怖合作法律机制、上海合作组织框架内的中亚地区应对极端主义策略以及上海合作组织框架内的中国与吉尔吉斯斯坦反恐怖合作等内容。

本书由穆兴天、兰迪负责拟定撰写纲要、分配写作任务：穆兴天负责撰写导言、第一章；兰迪负责撰写第二章、第五章、第六章；王烨负责撰写第四章；马亮负责撰写第三章；［吉尔吉斯斯坦］赛义提（西北政法大学博士研究生）负责收集上合组织方面的资料。

在写作过程中，本书撰稿人参阅了国内外最新研究成果，一并致谢！

感谢教育部国际司、浙江省绍兴市相关部门的资助，感谢绍兴市陶祖江先生、景凤翠女士！感谢时事出版社的支持和编辑肖书琪老师的辛勤付出！囿于时间、经验和水平，舛误之处实所难免，敬请学界同仁批评指正。

穆兴天

2022 年 2 月 28 日

目　录
CONTENTS

第一编　恐怖主义与反恐怖策略的基础理论

第一章　恐怖主义的基本观念

第二章　恐怖主义全球治理的"中国方案"

第三章　外国恐怖战斗人员回流问题的应对

第二编 上海合作组织框架内的反恐怖国际合作

第四章 上海合作组织的反恐怖合作

第五章 上海合作组织框架内的中亚地区反恐怖合作法律机制

第六章 上海合作组织框架内的中国与吉尔吉斯斯坦反恐怖合作

参考文献

第一编

恐怖主义与反恐怖策略的基础理论

第一章　恐怖主义的基本观念

一、恐怖主义的定义

从词源上看，恐怖主义（terrorism）一词源于恐怖（terror）。最初，该词指的是一种恐怖的制度或政权。首先指的是雅各宾党人所实施的恐怖专政，他们将该词用于自身，并无任何否定性意味。后来，恐怖主义用来指称政策或政权，带有强烈的否定意味，与今天普遍的看法一样。[①] 恐怖主义的定义可谓争议颇多，各国学者、官方机构与国际组织都表达过其对"何谓恐怖主义"的见解。保守估计，世界范围内较有影响的恐怖主义犯罪定义就多达100余种。根据不同标准，可以对诸多定义进行分类：根据定义的效力，可分为有权定义与无权定义；根据定义的表述形式，可以分为规范定义与任意定义；根据定义的主体，可以分为学理定义与法律定义。本书采第三种分类标准，且鉴于当代恐怖主义的"国际化"特征日趋凸显，国际法律中对恐怖主义的定义日益增多，故将法律定义复分为"国内法律中的恐怖主义定义"与"国际法律中的恐怖主义定义"两类。本书以下择其代表性观点予以简要介绍。

（一）学理定义

学理定义是理论研究者对恐怖主义这一客观现象进行归纳、总

---

① ［英］普里莫拉兹主编，周展等译：《恐怖主义研究：哲学上的争议》，浙江大学出版社2010年版，第39页。

结后的学术表达，学理定义虽然对社会实践活动不具备强制性的效果，但是可以为现实的反恐怖活动（特别是立法活动与执法活动）提供有价值的参考。

中国学者王政勋、徐丹丹认为，恐怖主义的主体包括个人和组织，必要时也可以包括国家，但个人极端暴力犯罪不属于恐怖主义。即使其目的具有一定正当性，但根据比例原则，由于其以激烈手段追求危害社会的直接目的，且不采取措施防止损失扩大，因而是一种重大的恶。恐怖主义的手段包括暴力、破坏、恐吓等，只要是能够产生“制造社会恐慌，危害公共安全，侵犯人身财产，或者胁迫国家机关、国际组织”的效果的手段，都可能成为恐怖主义的手段。恐怖主义的对象是确定群体的不特定个人，包括但不限于无辜者。①

杨隽、梅建明指出，恐怖主义是为实现政治目的，通过对人身或财产非法使用暴力以恐吓、强迫政府和民众的行为。②

许桂敏认为，恐怖主义是指公开实施危害行为或者以之相威胁，恐吓平民或者其中部分居民，目的是满足恐怖分子的利益至上直接或间接影响作出或者拒绝作出某些决定的行为。③

胡联合将恐怖主义界定为：恐怖主义是指一种旨在通过制造恐惧气氛、引起社会注意以威胁有关政府或社会，为达到某种政治或社会目标服务的，无论弱者或强者都可以采用的，针对非战斗目标（特别是无辜平民目标）的暗杀、爆炸、绑架与劫持人质、劫持交通工具、施毒、危害计算机系统以及其他形式的违法或形式犯罪性质的暴力、暴力威胁或非暴力破坏活动。④

余建华认为，恐怖主义是指个人、团体或国家出于政治或社会

---

① 王政勋、徐丹丹：《恐怖主义的概念分析》，《法律科学（西北政法大学学报）》2016 年第 5 期。

② 杨隽、梅建明：《恐怖主义概论》，法律出版社 2013 年版，第 10 页。

③ 许桂敏：《俄罗斯恐怖主义犯罪研究》，法律出版社 2009 年版，第 81 页。

④ 胡联合：《全球反恐论——恐怖主义何以发生与应对》，中国大百科全书出版社 2011 年版，第 38 页。

目标，通过使用或威胁使用暴力及其他毁灭性手段，袭击平民（或非战斗人员）和公用设施，残害无辜，制造恐怖，胁迫特定的个人、群体或政府实施或不实施某种行为的刑事犯罪活动。①

张家栋认为，要给恐怖主义作定义是一件非常困难的事情，因为认识恐怖活动的过程实在难以避免政治立场的纠葛。但是，他对恐怖主义的“轮廓”作了描摹：恐怖主义由于国内、国际社会不公正现象的存在而产生，它是弱者对强者的报复，其思维基础是极端主义的，其攻击对象是不确定的，但主要是缺少必要防卫能力的群体或是当某一群体难以防卫、疏于防卫的时候，其目的是利用公众的恐怖心理以达到某种公共目标，其行为者往往是那些因民族、种族或宗教冲突而产生的狂热的极端组织及其成员。②

张汝伦严格区分了恐怖主义与恐怖行为，他指出，恐怖之成为主义，完全是因为它具有一些鲜明的现代特点：它有着明确的政治经济和社会目的；它经过精心组织和策划，充分利用了现代计算理性的缜密和科层制度的效率；它拥有巨大的财源，足以利用一切高科技手段制造最大的恐怖效果；它不择手段，不受任何道德与法律的约束，有意拿无辜的百姓开刀，以恐怖手段使受害者屈服。③

娜克丝将恐怖主义定义为：由团体或个人实施的，旨在影响目标公众和政府的行为和行动的，故意瞄准平民或非战斗人员的政治暴力或暴力威胁。④

（二）各国法律定义

法律定义由各国家权威部门作出，由于其一旦制定即具有法律拘束力而受到研究者的普遍重视。

---

① 余建华等：《恐怖主义的历史演变》，上海世纪出版集团 2015 年版，第 16 页。

② 张家栋：《恐怖主义论》，时事出版社 2007 年版，第 70 页。

③ 张汝伦：《恐怖主义的本源》，《读书》2001 年第 1 期。

④ ［美］娜克丝著，陈庆、郭刚毅译：《反恐原理》，金城出版社、社会科学文献出版社 2015 年版，第 46 页。

英国《2000 年恐怖主义法案》指出：恐怖主义犯罪是指使用或威胁使用特定行为，该行为涉及对个人实施严重暴力，或者严重损害财产，或者危及人的生命（即这个人尚未着手实施上述行为），或者制造一种严重危及公众或部分公众的危险，或者被用来干扰或破坏电子系统；使用或威胁使用特定行为是为了影响政府或国际政府组织，或者为了恐吓公众或部分公众；使用或威胁使用特定行为的目的是实现政治、宗教、种族、意识形态目标。

俄罗斯《2006 年反恐怖主义法》区分了恐怖主义、恐怖主义活动和恐怖主义行为。该法在第十三条“基本概念”中规定，恐怖主义是指以恐吓居民和（或）实施其他暴力违法行为，影响国家权力机关、地方自治机关或国际组织做出决定的暴力思想和行为，恐怖主义活动是指组织、策划、准备、资助、实施恐怖主义行为；煽动恐怖主义行为；以实施恐怖主义行为为目的组织非法武装、犯罪集团（犯罪组织）、有组织团伙，并参加上述组织；招募、武装、培训、使用恐怖分子；以提供情报或其他方式参与策划、准备或实施恐怖主义行为；宣传恐怖主义思想、散布煽动恐怖主义行为或为其必要性进行论证或辩护的材料或信息，恐怖主义行为是指为影响国家权力机关、地方自治机关或国际组织做出决定，实施或威胁实施爆炸、纵火等恐吓居民和危及人员生命，导致重大财产损失或生态灾难，引发特别重大后果的行为。

土耳其《打击恐怖主义法》（1991）将恐怖主义定义为：由属于某组织的一人或多人通过武力和暴力、恐怖、威胁、压迫和威胁等方法实施的任何行为，其目的是改变宪法界定的共和国性质及其政治、法律、社会、世俗和经济秩序，破坏国家政权与国家和民族的统一完整，危害土耳其国家和共和国的存在，削弱、破坏或者篡夺国家权力，剥夺基本权利和自由，危害国家的内部和外部安全、公共秩序或者总体安乐。①

白俄罗斯《2000年反恐怖主义斗争法》指出：恐怖主义，指实施或威胁实施足以造成人员伤亡、大范围损害或其他严重后果的爆炸、纵火或其他行为，意图制造公众恐慌、影响政府机构的决策、干扰政治或公共活动。②

蒙古《反恐怖主义法》（2004）区分了恐怖主义行为、国际恐怖主义行为、恐怖主义活动和恐怖事件。恐怖主义行为是指非法武装组织、恐怖分子为达到自己的政治或宗教目的，严重危害社会和公众，危害公民生命财产安全的恶劣行为；国际恐怖主义行为是指以企图破坏国际关系和领导监督国家政权为目的的跨国恐怖主义行为；恐怖主义活动是指以参与和制造恐怖事件为目的组建恐怖组织，准备和制造恐怖事件，直接或间接向恐怖分子提供资金，破坏信息网络，吸收、武装和训练平民，煽动、强迫或企图煽动、强迫平民参与制造恐怖事件，散布恐怖主义观点；恐怖事件是指恐怖分子使用火器、放射性武器、生化武器、大规模杀伤性武器危害公民的生命、财产安全，危害社会和政治活动家、宗教领袖等的生命安全，绑架人质。③

乌兹别克斯坦《反恐怖主义法》（2000）规定：恐怖主义，即使用暴力、威胁使用暴力或者其他犯罪手段，威胁人身健康、生命安全，造成财产和其他物质设施损毁灭失；旨在强迫国家、国际组织、自然人、法人完成或放弃某行为，使国际关系复杂化，侵犯主权和领土完整，危害国家安全，挑起军事冲突，恐吓居民，破坏社会政治局势稳定，以达到政治、宗教、意识和其他目的等，乌兹别克斯坦刑法规定应承担责任的犯罪行为；恐怖主义活动，即包括组

---

① 赵秉志等编译：《外国最新反恐法选编》，中国法制出版社2008年版，第337页。

② 赵秉志等编译：《外国最新反恐法选编》，中国法制出版社2008年版，第350页。

③ 赵秉志等编译：《外国最新反恐法选编》，中国法制出版社2008年版，第373—374页。

织、策划、教唆、准备及实施恐怖主义行为，建立恐怖组织，招募、培训并武装恐怖分子，为其提供财政和物质技术保障的活动；恐怖主义行为，即抓掳或拘留人质，蓄意谋害国家或社会人士、民族、部族、宗教、其他居民组织、外国和国际组织代表的生命，强占、损毁、破坏国家或公共设施，爆炸、纵火，使用和威胁使用爆炸装置、放射性、生物性、爆炸性、化学的和其他有毒物质，强占、盗窃、损毁、破坏地面、水上和空中交通工具，在居民聚集地和举办大型群众活动时制造恐慌和混乱，通过制造事故、技术性灾难来损害或威胁居民生命和健康、自然人和法人的财产，用任何手段和方法散布威胁，以及乌兹别克斯坦和公认的国际法准则所规定的其他具有恐怖性质的行为。①

2015 年 12 月 27 日通过、2016 年 1 月 1 日起正式施行的《中华人民共和国反恐怖主义法》第三条对恐怖主义及其相关定义做了规范。第三条指出：恐怖主义是指通过暴力、破坏、恐吓等手段，制造社会恐慌，危害公共安全、侵犯人身财产，或者胁迫国家机关、国际组织，以实现其政治、意识形态等目的的主张和行为。恐怖活动指恐怖主义性质的下列行为：组织、策划、准备实施、实施造成或者意图造成人员伤亡、重大财产损失、公共设施损坏、社会秩序混乱等严重社会危害的活动的；宣扬恐怖主义，煽动实施恐怖活动，或者非法持有宣扬恐怖主义的物品，强制他人在公共场所穿戴宣扬恐怖主义的服饰、标志的；组织、领导、参加恐怖活动组织的；为恐怖活动组织、恐怖活动人员、实施恐怖活动或者恐怖活动培训提供信息、资金、物资、劳务、技术、场所等支持、协助、便利的；其他恐怖活动。恐怖活动组织是指三人以上为实施恐怖活动而组成的犯罪组织。恐怖活动人员是指实施恐怖活动的人和恐怖活动组织的成员。本法所称恐怖事件，是指正在发生或者已经发生的

---

① 赵秉志等编译：《外国最新反恐法选编》，中国法制出版社 2008 年版，第 378—384 页。

造成或者可能造成重大社会危害的恐怖活动。

（三）国际法律公约定义

国际联盟《防止和惩治恐怖主义公约》（1937）是首个对恐怖行为作界定的国际公约，该公约并未发生法律效力。该公约指出：恐怖行为是指直接反对一个国家，而其目的和性质是在个别人士、个别团体或公众中制造恐怖的犯罪行为。

为联合国际力量共同打击恐怖主义，联合国及其附属国际组织制定、通过了一系列国际公约，如《关于防止和惩处侵害应受国际保护人员包括外交代表的罪行的公约》（1973）、《反对劫持人质国际公约》（1979）、《制止恐怖主义爆炸事件的国际公约》（1998）、《制止向恐怖主义提供资助的国际公约》（1999）等。这些国际公约中含有大量关于恐怖主义的定义。例如，《关于防止和惩处侵害应受国际保护人员包括外交代表的罪行的公约》第二条规定：每一缔约国应将下列罪行定为其国内法上的罪行，即故意：对应受国际保护人员进行谋杀、绑架或其他侵害其人身或自由的行为；对应受国际保护人员的公用馆舍、私人寓所或交通工具进行暴力攻击，因而可能危及其人身或自由；威胁进行任何这类攻击；进行任何这类攻击未遂；参与任何这类攻击为从犯。《制止核恐怖主义行为国际公约》对“核恐怖主义”进行了专门规定，即任何人非法和故意：拥有放射性材料或制造或拥有一个装置，其目的是致使死亡或人体受到严重伤害，或是致使财产或环境受到重大损害；以任何方式利用放射性材料或装置，或以致使放射性材料外泄或有外泄危险的方式利用或破坏核设施，其目的是致使死亡或人体受到严重伤害，或是致使财产或环境受到重大损害，抑或是迫使某一自然人或法人、某一国际组织或某一国家实施或不实施某一行为。

区域性国际公约是某一区域内部各个国家、地区之间达成的合意。恐怖分子的多元性与恐怖活动的跨国性特征，使得某一区域面临的恐怖威胁具有相似性，也促使内部成员国较容易达成联合打击恐怖主义的共识。因此，恐怖主义定义也较多见之于区域性的国际公约。例如，《打击恐怖主义、分裂主义和极端主义上海公约》（2001）指出，恐怖主义即致使平民或武装冲突情况下未积极参与军事行动的任何其他人员死亡或对其造成重大人身伤害、对物质目标造成重大损失的任何其他行为，以及组织、策划、共谋、教唆上述活动的行为，而此类行为因其性质或背景可被认定为恐吓居民、破坏公共安全或强制政权机关或国际组织以实施或不实施某种行为，并且是依各方国内法应追究刑事责任的任何行为。2014 年 12 月 28 日第十二届全国人民代表大会常务委员会第十二次会议上批准了《上海合作组织反恐怖主义公约》，该公约进一步完善了《打击恐怖主义、分裂主义和极端主义上海公约》。在《上海合作组织反恐怖主义公约》中，进一步区分了恐怖主义与恐怖主义行为：恐怖主义是指通过实施或威胁实施暴力和（或）其他犯罪活动，危害国家、社会与个人利益，影响政权机关或国际组织决策，使人们产生恐惧的暴力意识形态和实践。恐怖主义行为是指为影响政权机关或国际组织决策，实现政治、宗教、意识形态或其他目的而实施的恐吓居民、危害人员生命和健康，造成巨大财产损失或生态灾难及其他严重后果的行为，以及为上述目的而威胁实施上述活动的行为。

（四）本书定义

综合以上论述，虽然“反对一切形式的恐怖主义”已成为国际社会达成之最重要共识，但是在具体的实践活动中，各国家在恐怖主义的界定、判断和认定等方面还存在诸多分歧。本书认为，造成当前恐怖主义定义的分歧之争的原因包括以下几个方面。

第一，恐怖主义的形态变动不居。在漫漫历史长河之中，恐怖主义曾经发展出形式多样、内容各异的具体形态，变化依旧继续，以至于人们根本无法预测未来的恐怖主义究竟是什么样子。没有哪种定义足够涵盖历史上出现过的所有恐怖主义形态，不但现在不能，未来也不能。

第二，恐怖主义认定的非客观性、非中立性。认定者的判断往往受到政治立场的干扰，不同人总会有不同的观点。

第三，恐怖主义认定的工具性。作为政治性的极端暴力，恐怖主义是政治斗争的特殊表现形态——恐怖主义是和平时期的战争，是政治的暴力延续。如果说犯罪的标签化还是在“人民内部的诸多矛盾内部”予以展开，那么恐怖主义的界定则清晰地刻画出了一个与市民社会相对立的敌人的形象，从而包含了更为强烈的否定性价值判断，并导引出更为严厉、苛刻的谴责。若能成功将一个人或一个组织定义为恐怖分子或恐怖组织，将其实施的行为确认为“恐怖主义罪行”，那么就会间接地说服其他人接受定义者的价值判断与观点，被定义者的政治、经济、文化与社会地位也随之降低。恐怖主义遂成国家与国家间、国家与非国家行为体间相互斗争之工具。恐怖主义认定的功利性贬低了恐怖主义概念的地位与价值，使之成为服务于有权者的工具，恐怖主义也丧失了本应具有的批判功能。

第四，人们在使用恐怖主义犯罪概念时过分随意，令其外延不断扩展，从而导致这个概念丧失了独特的价值与存在意义。特别是在新闻媒体当中，恐怖主义犯罪构成了一个宽泛的“标签”，可以任意贴在各种政治极端分子与普通刑事罪犯身上，这也是造成恐怖主义概念难以被准确界定的原因之一。

第五，定义方法的不同导致结论的差异。必须承认的是，不同的定义方法会导致定义者得出不同的结论。规范分析法强调从规范体系中导引出问题的答案，实证研究方法则侧重于从客观事物中归纳出共性特征构建一个完整的定义。规范分析方法源自于康德哲学的认识论，“所有人的认识上的概念，以及其系统原理，并非存在于外界的事物本质中，人们从事物本身无法获得认识。概念和原理都存在于人类理性之中，即在理解的思维形态（范畴）中，凭借范畴，各种杂乱无章的题材被加以整理分类，从而获得认识论上的类型。”① 实证研究

① 周光权：《刑法学的向度》，中国政法大学出版社 2004 年版，第 219 页。

方法则直接来源于实证主义哲学在社会科学中的运用。“因为事物的外在特性是通过感觉而呈现在我们面前的，所以我们就可以总结说：科学要想成为客观的，其出发点就不应该是非科学地形成的概念，而应该是感觉。科学在最初所下的一些定义，应当直接取材于感性资料。”① 正如莎翁笔下名言“一千个人心中有一千个哈姆雷特”，不同人基于视角与立场不同，对恐怖主义的界定有所差异，这为理论研究工作与反恐怖的实践活动带来了不可估量的消极影响。恐怖主义定义之争议性亟待消解。

本书认为，恐怖主义是指：个人或组织运用暴力、威胁或者其他方法，以非战斗性目标为直接攻击对象，旨在营造社会恐怖，最终实现民族、宗教、社会等政治目的的严重危害社会的行为。

二、恐怖主义的构成

（一）对象要素

非战斗性目标是恐怖主义的行为对象，即所有处于非战斗状态下的对象，既包括平民，也包括处于非战斗状态下的武装人员，既包括人（如人的生命、健康），也包括物（如建筑物、公私财产）。非战斗性目标是区别恐怖主义与战争的关键，后者的行为对象是战斗状态下的军事人员与军事设施。

恐怖主义的行为对象具有以下特征：一是广泛性。恐怖主义的攻击目标十分广泛，主要包括人身、物质、财产、大型场所、公共基础设施、交通系统、生态环境等。二是象征性。恐怖分子的思维逻辑是通过攻击行为对象，制造社会恐怖，以此胁迫政府来满足其政治要求。因此，恐怖分子不会随意实施攻击，而一般会选取具有象征意义

---

① E. 迪尔凯姆著，狄玉明译：《社会学方法的准则》，商务印书馆 1995 年版，第 61 页。

的行为对象，例如比较重要的特定人士（如政府官员、外交代表和新闻记者等），具有政治、经济、文化象征意义的建筑物与场所（如政府大楼、金融中心和教育机构等）以及不特定的社会公众。行为对象的象征价值越大，制造的恐怖效果就越强。三是无辜性。由于恐怖分子直接侵害的对象与意图施加影响的对象是分开的，恐怖主义攻击的对象不过是传达恐怖信息的发声器。因此恐怖分子攻击的行动目标具有无辜性的特点。在一般刑事犯罪中，行为人与被害人的利害冲突是激发犯罪的主要诱因；但是在恐怖主义犯罪中，是否能够最大限度制造恐怖则是恐怖分子选取行为对象的基本标准，受害者与加害者之间并无直接利害冲突，这显示出其工具性和无辜性。

（二）手段要素

恐怖主义的实现手段包括暴力、胁迫和其他方式。暴力具有低成本、低风险与高收益的特点。恐怖组织或个人之所以热衷于使用暴力，是因为这种手段行动简单、迅速，无需太多的资金投入和人力输出。但是，如果存在成本更低、效果更好的方法，恐怖分子当然不会固守暴力这种手段。在现代社会，非暴力方法也同样能够营造出恐怖效果，甚至效果更佳。如投放虚假危险物质与编造、传播虚假恐怖信息的行为，好像并未“实实在在”侵害公共安全，但是也可以成为恐怖主义的手段。这是因为，恐怖主义是一种形式的心理战，需要一种认知上的心理响应。恐怖组织追求的并非单纯的物质毁灭，而是以一种“戏剧化”方式将针对平民的暴行表演出来，从而在一部分群体中营造消极、紧张氛围，作为谈判桌上的“筹码”和获取政治利益的“铺路石”。而暴力无论是“真实”抑或“虚假”，威胁是抽象或是具体，都可以使不特定的多数人产生不安与恐慌感。另外，随着科学技术的发展，恐怖主义犯罪的实现方式日趋多样化。即便爆炸、绑架、杀人、劫机等暴力手段仍是恐怖分子和恐怖组织的惯常手法，但是他们也完全可能利用核技术、生物技术、化学技术、网络技术等现代技术作为武器。

（三）主体要素

恐怖主义的主体包括组织与个人。恐怖主义几乎总是以组织形态表现的。故传统观点认为，个人是无法实施恐怖主义犯罪的。例如，张小虎教授指出，恐怖活动的一大特点是组织的严密性，这与传统犯罪属于“孤立的个人反对统治关系的斗争”是极为不同的。① 佩特·纳赛尔认为，恐怖主义一般被定义为一种群体性的现象，组织性与群体动力既是这种激进暴力形式的重要构成要素，也是将政治的恐怖分子与狂热杀手区分开的主要标志。② 但是，从事实层面看，确实存在单独个人实施恐怖主义犯罪的情况。例如，2010 年穆尔·阿卜杜勒·瓦哈卜为抗议西方国家干涉中东地区事务而在瑞典首都斯德哥尔摩制造的爆炸案，2011 年右翼极端分子布雷维克制造的挪威爆炸枪击惨案以及 2013 年察尔纳伊夫兄弟在美国波士顿国际马拉松比赛终点附近制造的连环爆炸案。上述三起袭击案件的犯罪分子均不隶属于任何恐怖组织，犯罪人也都具有政治目的，他们所犯罪行均难以被划归为普通刑事犯罪。西方学者将这类不受任何组织领导、指挥但在政治目的驱动下的犯罪人称为“独狼”恐怖分子，他们实施的犯罪称为“独狼”恐怖主义犯罪或者个体恐怖主义犯罪。③

国家不能成为恐怖主义的主体。首先，“国家恐怖主义”争议丛生，极有可能成为一些国家干涉他国内政，实现己国霸权的工具。从 20 世纪 80 年代开始，美国政府就将攻击矛头对准了他们认为从事了“恐怖活动”的国家，里根总统曾点名批评古巴、伊朗、利比亚等国家是“支持恐怖主义国家”。“9·11”恐怖袭击后，乔治·布什推出“邪恶轴心论”，以“反恐战争”为名出兵阿富汗、伊拉克，实为借

---

① 张小虎：《反恐怖活动的刑法立法分析》，《法学评论》2002 年第 5 期。

② Petter Nesser, “Single Actor Terrorism: Scope, Characteristics, and Explanations,” Perspective on Terrorism, Vol. 6, No. 1, 2012, p. 61.

③ Kendall coffey, “The Lone Wolf – solo Terrorism and the Challenge of Preventative Prosecution,” FIU Law Review, Vol. 5, No. 1, 2011, p. 2.

“反恐”推行其霸权主义之战略。特别是对伊拉克的入侵行为，遭到国际社会的一致谴责。“国家恐怖主义”概念有可能成为西方大国推行霸权主义与强权政治的工具和借口。

其次，“国家恐怖主义”的外延难以确定，特别是与战争之间的界限无法分清。学理上的“国家恐怖主义”多数指国家在战争中的恐怖行为。二战期间，德国纳粹的种族屠杀，日本对中国的国家恐怖行为（典型如“七三一细菌部队”、南京大屠杀、“三光政策”），美国对日本投放原子弹，都被视为“国家恐怖主义”的表现形式。[①] 但是这些恐怖行为实属于战争一部分。而且对在战争中的违法者可以根据现有诸如关于保护平民的《日内瓦公约》等战争法、国际法处理即可，没有必要认定其为恐怖主义犯罪。

最后，国家既非国际刑法的犯罪主体，也不可能成为国内刑法的犯罪主体。一方面，国际社会至今尚无追究国家刑事责任的法律实践。另一方面，受主权平等原则、主权豁免原则的限制，国家根本不可能成为国内刑法的犯罪主体。对于“国家恐怖主义行为”，既存在取证困难问题，也根本无法通过法律途径解决，只能用外交渠道的政治方式处理。国家恐怖主义实难入“刑”。

（四）主观要素

恐怖主义犯罪是故意犯罪。大多数学者认为恐怖主义具有某种犯罪目的，分歧主要集中于目的的具体内容。[②] 本书认为，恐怖主义犯罪的目的具有层次性，包括直接目的与根本目的。直接目的是制造社会恐怖，根本目的是实现某种政治目标。

直接目的。制造恐怖是恐怖主义的基本特征。恐怖主义最初表征为一种威慑性政策，其意义不仅在“消灭”，更在于“威慑”。现代

---

① ［美］马克·赛尔登、埃尔文·Y. 索主编，张友云译：《战争与国家恐怖主义：20世纪的美国、日本与亚洲太平洋地区》，社会科学文献出版社2012年版，第8—12页。

② 夏勇、王焰：《我国学界对恐怖主义犯罪定义的研究综述》，《法商研究》2004年第1期。

意义的恐怖主义之所以被称为“恐怖”，根本原因在于能给社会制造恐怖效果。“一个不以制造社会恐怖为目的的行为不可能被认定为恐怖主义犯罪的。”① 但是，“恐怖”并非目的而系手段。恐怖分子之所以通过暴力行为来追求“恐怖”，是因为“恐怖”能够有效实现其根本目的。

根本目的。政治目的是恐怖主义的根本目的。正如杰姆斯·鲁斯和布伦达·鲁兹指出，政治目的是恐怖主义的五个基本特征之一。②本书前述的绝大部分定义中也将政治目的列为核心要素。实现政治企图的方法有多种，恐怖主义只是其中最极端、最暴力的形式而已。可以凭借犯罪人是否具有政治目的来区分普通刑事犯罪与恐怖主义犯罪。所谓政治目的是一种追求、获取或者影响国家权力的主观意图。国家权力在现实中体现为国家政权，政治目的自然指向了国家政权。谁掌握国家政权，谁就拥有了国家权力；谁能够影响国家政权，谁就可以行使国家权力。政治目的的内容，既表现为夺取、维护国家政权，运用国家政权进行统治、管理，也表现为影响国家政权的方向与具体政策。因此，以民族独立或国家分裂、建立本民族掌管政权为内容的“民族目的”，以建立政教合一的神权国家为内容的“宗教目的”，为了推翻现有政权或改变现存政治制度的性质的“意识形态目的”，为了影响、改变本国政府某种具体政策如动物保护政策、环境保护政策或堕胎政策等的“社会目的”，均属于政治目的。如果恐怖活动的根本指向对象并非国家政权，当然不属于政治目的。即使目标指向国家政权，但并非为了夺取国家政权或影响国家政权的具体政策，也不是政治目的。例如，单纯发泄对国家政策、政府机构或社会不满情绪而针对不特定多数人实施的故意杀人、放火、爆炸、投毒等犯罪行为就不属于恐怖主义行为。

---

① 赵秉志主编：《国际恐怖主义犯罪及其防治对策专论》，中国人民公安大学出版社2005年版，第46页。

② James M. Luts and Brenda J. Lutz, “Terrorism: Origins and Evolution,” New York: Palgrave Macmillan, 2005, p. 7.

三、恐怖主义的类型

在简要分析了恐怖主义的定义之后，还有必要进一步阐释恐怖主义的外延，也即恐怖主义的类型。

近代分类学始于瑞典植物学家林奈[①]，马克斯·韦伯将类型引入社会科学。[②] 类型含义多重。作为主观的思维形式、思考方法，类型与类型思维等同，“类型是对事物的‘本质性’东西作定格化总结”。[③] 客观实在的类型是类型思维的前提。考夫曼指出：“我们无法随意建构类型。类型是……‘原始现象’。”[④] 本书语境下的类型取主观涵义，是指“一种诠释学工具”[⑤]，具有方法论的功能和价值。“社会科学的类型有助于挖掘事物新关联、提出假设、发展理论和找到新研究界域。”[⑥]

类型思维的比较优势。“概念是反映事物的特有属性（固有属性或本质属性）的思维形态。”[⑦] 类型旨在弥补概念的不足，具体表现为：

第一，类型是流动的，概念是静止的。类型由确定的核心和不明确的边界构成，不同类型间以“流动的过渡”链接，内部有标准（典型）类型与中间（非典型）类型之分。概念则不同。

---

① ［英］布莱克本（Blackburn，R.）著，吴宗宪等译：《犯罪行为心理学：理论、研究和实践》，中国轻工业出版社 2000 年版，第 51 页。

② ［德］卡尔·拉伦茨著，陈爱娥译：《法学方法论》，商务印书馆 2005 年版，第 337 页。

③ 王斌林：《法律的类型思维及其实践性分析——以民法为分析对象》，《西部法学评论》2017 年第 2 期。

④ ［德］亚图·考夫曼著，吴从周译：《类推与“事物本质”——兼论类型理论》，学林文化事业有限公司 1999 年版，第 115 页。

⑤ 顾祝轩：《合同本体解释论：认识科学视野下的私法类型思维》，法律出版社 2008 年版，第 47 页。

⑥ Alex P. Schmid and Albert J. Jongman, “Political Terrorism: A New Guide to Actors, Authors, Concepts, Data Bases, Theories, &Literature, Transaction Publishers,” 1984, pp. 39 –40.

⑦ 金岳霖主编：《形式逻辑》，人民出版社 2006 年版，第 18 页。

第二，类型是联系的，概念是分离的。概念为“不是什么、就是什么”择一理念对客观事物有限截取和实质分割，类型则尽可能保持客观事物本来面貌，将普遍的事物在其自身中直观、整体地掌握。

第三，类型是直观的，概念是抽象的。“类型位于一般概念与个别性之间，是一种比较的、直观的抽象作用之产物。”① 概念容易过度抽象化，牺牲事物丰富个性。

第四，类型对价值积极纳入，概念对价值消极排斥。类型的本质是一种功能、评价和意义的思考模式，构筑类型以价值为类型化基准的依据，类型归属亦需借助价值判断。概念虽源自制定者基于一定价值理念对事物共同特征的归纳、提炼，然而其适用过程力图避免价值、意义、评价等主观因素渗透，推崇确定、客观、中立的演绎推理。

恐怖主义是一种极其纷繁复杂的社会现象，其外延相对较为宽泛，因而可以运用类型化研究方法加以整理，从而有利于对恐怖主义形成更为清晰的认知。

（一）个体型恐怖主义与组织型恐怖主义

个体型恐怖主义是指，由不隶属于任何恐怖组织的个人实施恐怖活动的现象。个体型恐怖主义虽是由不隶属于组织的个人单独策划、实施，但是从其产生犯罪动机、决意乃至付诸实施、完成犯罪的整个过程中，不能排除恐怖组织的煽动、教唆行为施加的单方向影响，例如恐怖组织通过网络进行极端主义意识形态输出、教唆犯罪故意、传授犯罪方法、提供犯罪技术等。当代个人恐怖主义的频繁发生与恐怖组织的战略战术变化紧密关联。“恐怖主义组织基地可谓是恐怖主义的‘震中’。这一恐怖主义的‘震中’将其极端主义的思想源源不断

---

① 顾祝轩：《合同本体解释论：认识科学视野下的私法类型思维》，法律出版社 2008 年版，第 123 页。

地向外散射而网罗了众多的追随者；而其外围成员，包括‘独狼式’的恐怖主义犯罪的成员，则是这一恐怖主义思想锁链上的波纹效应。恐怖主义‘网络推手’就是恐怖主义组织大肆传播其极端主义思想与恐怖袭击的方法，引诱与奴化各类人员而成为恐怖主义阵营中一员的典型适例。”①

个体恐怖主义犯罪不同于无差别杀人犯罪。所谓无差别杀人犯罪是指：并无犯罪组织依托的行为人，出于较为明显的社会不满情绪，针对不特定的被害对象，采取具有较大杀伤力的手段，肆意杀害无辜他人，造成一定社会惊恐的刑事违法行为。典型的无差别杀人犯罪表现为驾驶机动车辆向人群密集处冲撞碾压，劫持航空器或者在公共场合、公共交通工具上自爆、自燃等。无差别杀人犯罪与恐怖主义犯罪多有相似之处：被害对象均是不特定的无辜公众；均可能采取爆炸、放火等危及公共安全的残暴手段；行为人将自己的生死置之度外，毫无顾忌地实施极端行为；案发于人员出入频繁的时段，选择人多拥挤的公共场所作案；造成触目惊心的人员伤亡与财产损失，引起极大的社会惊恐，并给人们的精神以强烈的暴力震撼。个人恐怖主义犯罪与无差别杀人犯罪最大的区别在于主观目的不同，前者受明显的政治意图支配，是受到极端主义刺激后实施的恐怖活动，后者在主观上并未显露明显政治倾向，其犯罪原因往往是个人生活工作中受挫所引发的对社会不满、敌对情绪。另外，无差别杀人犯罪往往不具有可重复性特征，行为人在实施犯罪前没有多次实施危害公共安全犯罪的意图。“各种各样的犯罪事实都会使得个人感受到深层次的恐惧、痛苦甚至恐怖联想，例如关于一个枪手在火车上对无辜者实施攻击或者一起发生在公共场所的暴力的新闻报道，都会让人产生上述恐怖联想，但是除非能够将这样一起犯罪事件归属于大规模暴力袭击事件中的一部分，否则是不能够将其定义为恐怖事件的。恐怖主义的构成必须具有

---

① 张小虎：《论无差别杀人犯罪与恐怖主义犯罪的界分》，《犯罪研究》2017 年第 2 期。

确定的反复发生的可能性，或者一种系统性的暴力技术运用，或者大规模的暴力活动的普遍存在。”①

集体合作能够完成高度复杂的任务，这往往是单独一个人无法办到的。在恐怖主义犯罪中也是如此。除了极少数“独狼”之外，恐怖主义组织是最常见的恐怖主义犯罪的主体。代表性的恐怖主义组织如“伊斯兰国”、“基地”组织、“博科圣地”、“埃塔”组织、意大利“红色旅”、“泰米尔猛虎组织”等。恐怖组织的特点：一为组织成员。在实践中，恐怖主义组织的人数构成千差万别，有的组织只有三五人，有的组织则多达数十人，甚至成百上千过万。例如，“泰米尔猛虎组织”与意大利的“红色旅”人数最多时达到一万人左右。二为组织目标。恐怖主义组织的基本策略是运用暴力或其他破坏性手段实现其政治目标，这一点与个体的恐怖分子没有区别。组织化、制度化与体系化地使用暴力和破坏手段是恐怖主义组织的基本特点。由于有组织的反叛力量更有助于获取政治上的利益，因而恐怖主义组织是最常见的恐怖主义形态。另外，恐怖主义组织既然是以实施恐怖活动作为实现其政治主张的手段，就必须以必要的资金作为物质支持，因此恐怖组织多会选择诸如走私、贩毒、贩卖军火、绑架勒索、抢劫、洗钱等地下、非法的筹资渠道，例如日本的极左恐怖组织“赤军”通过劫持民用航空器、绑架外交使节和普通公民以勒索赎金。一些恐怖组织基于需要还会与当地的黑社会组织、跨国犯罪集团相互勾结、互相利用。但是，这些违法犯罪活动并不影响恐怖主义组织的政治目的的认定，反而是为了实现恐怖组织的政治目的的必要准备。三为组织结构。“恐怖势力的组织结构，主要观察其组成、运作方式及其相应的组织活力，包括组织层级及相互关系、组织规模（网络）及其组织关系，以此界定该势力的组织形态、组织活力。”② 合理的组织结构有利于目标的实现。恐怖主义组织的基本结构大致可分为两种类型：分

① Thomas J. Badey, “Defining International Terrorism: A Pragmatic Approach,” Terrorism and Political Violence, Vol. 10, No. 1, 1998, pp. 90 – 107.

② 张金平：《当代恐怖主义与反恐怖策略》，时事出版社 2019 年版，第 3 页。

层等级型与网络状型。前者有清晰的分层，复分为领导层、特定职责的次级领导、行动者与支持者。这样的组织结构比较严密，如“泰米尔猛虎组织”采用该结构。后者则由各个独立之小组构成，小组之间的联系非常微弱，独立性比较强，缺乏权威领导和清晰的分层体系，结构相对比较简单。“基地”组织是主要代表。

组织型恐怖主义区别于有组织犯罪。犯罪组织和恐怖主义组织经常会做出相似的行为，包括绑架、暗杀和制造爆炸，但它们的目的是不同的。二者的差异在于是否希望现行的政治秩序存在下去。犯罪组织是一个满足现状的行为体，在现行秩序之下活动并从这一秩序中获取非法利益。在国内，犯罪组织虽然规避了法律制度，但并不会直接威胁国家的政治基础或政府性质。它们也许会很残忍，但几乎不会想去自己运作政府。恐怖主义组织属于修正主义的行为体，其终极目标是根据自己对公正、虔诚、职责或公民福利等概念的理解去改变国家，或是改变国际政治体系。① 因此，有学者认为，跨国有组织犯罪团体与恐怖组织的目标非常不同，不存在合作的可能性。但亦有反对观点认为，如果跨国有组织犯罪集团与恐怖组织（特别是经济）动机之间有交叉，它们之间是存在重合之处的。② 换言之，二者虽有区别，但有合作共同实施犯罪的可能。

（二）国内恐怖主义与国际恐怖主义

根据是否具有跨国因素，将恐怖主义区分为国内恐怖主义与国际恐怖主义。后者是指恐怖主义的实施者、打击对象或者恐怖袭击的发生地至少有一项涉及两个及其以上的不同国家、地区，前者则不具备这样的跨国因素。例如“基地”组织制造的美国“9·11”恐怖事件属于典型的国际恐怖主义。需要重点说明的是，自从20世纪70年代

---

① ［美］奥德丽·克罗宁著，宋德星、蔡焱译：《恐怖主义如何终结：恐怖活动的衰退与消亡》，金城出版社2017年版，第179—180页。

② ［美］斯科特·德克、戴维·普鲁兹主编，周振杰译：《帮伙手册》，法律出版社2019年版，第442页。

以后，跨国恐怖主义已属常态。“国际性”日益成为现代恐怖主义的主要特征，国内恐怖主义与国际恐怖主义之间的界限越发模糊。“纯粹”的国内恐怖主义在今天已经变得极为稀少了。

（三）普通恐怖主义与高新科技恐怖主义

根据实施恐怖袭击的具体方式，可以区分为普通恐怖主义与高新科技恐怖主义。高新科技恐怖主义是与普通恐怖主义相对应的，以运用高新科学技术来制造恐怖以实现政治目标的一种类型，例如生物恐怖主义、化学恐怖主义、网络恐怖主义与核恐怖主义。传统观点认为，由于高新科技武器的生产、制造和使用都需要一定的人力、物力条件，因此只有具备一定实力的大型恐怖组织才能承担“此任”。例如，“基地”组织头目本·拉丹被曝曾尝试谋求制造核恐怖袭击。然而，当代科学技术的进步产生了“科技平民化”现象，越来越多的科学技术在掌握和运用上已经难以对主体的条件作更多要求了。因此，小型恐怖组织甚至个人也完全可能实施高新科技恐怖主义犯罪，例如“伊斯兰国”曾经利用网络向欧美地区散布制造“简易炸弹”的方法，鼓吹“独狼式”的自杀爆炸袭击。

高新科技恐怖主义具体包括以下类型：

1. 化学恐怖主义

日本邪教奥姆真理教制造的1995年东京地铁沙林毒气事件是目前已知最早实施化学恐怖袭击的案例。化学恐怖袭击的特点是伤害范围广、危害持续时间长、杀伤力极强。化学武器具有极高的致死率，采用化学方式实施恐怖袭击活动，平均每起可造成约117.9人受伤，是采用其他方式实施恐怖袭击活动造成受伤人数的2倍。①

2. 生物恐怖主义

生物武器的制造难度低、成本极小，故而有“穷人的原子弹”之称。作为生物武器的基本原料的微生物或毒素物质，可以从全球约

---

① 张小虎主编：《犯罪学》，中国人民大学出版社2013年版，第208页。

1500 多个菌种库，数不清的科研单位中找到。加之生物武器所要求的生产设施与生产技术十分简单，这就便利了恐怖分子制造具有杀伤性的生物武器。

3. 核恐怖主义

据报道，冷战之后“基地”组织一直试图通过各种渠道获取制造核武器的原料。恐怖分子可能采取的核恐怖袭击方式包括：从拥有核武器的国家通过盗窃、抢劫等非法手段获取核武器并制造核爆炸；通过购买、走私、盗窃等方式获取核材料，制造简易核装置并加以引爆；攻击核动力厂与核设施，人为制造核泄漏事故；散布放射性材料，恐怖分子将非法获取的放射源与常规炸药混合制造“脏弹”，投放于人口密集地区，以制造伤害与恐怖。① 在上述方式中，以非法手段获取核武器直接引爆的威力最大，但难度亦最大。拥有核武器的国家一般会对核武器采用极为严密的保护方式，恐怖组织与这些国家相比实力悬殊，所以难以通过非法渠道直接获取核武器。散布放射性材料难度相对较小，这是因为放射源相对容易获得。但这种恐怖袭击的威力不大，主要是利用公众缺乏核辐射知识而制造社会恐慌气氛。1995 年车臣恐怖分子就曾在莫斯科某公园放置放射性物质，借此恐吓俄罗斯政府与社会。制作简易核装置与制造核泄漏是恐怖分子最有可能选择的方案。特别是前者更值得关注。加之一些国家对核材料与核技术管理不严，冷战后全球又曾先后发生两次大型国际核走私浪潮，因此不能排除恐怖组织或恐怖分子以这种方式实施恐怖袭击的可能性。

4. 网络恐怖主义

网络恐怖主义包括两类，以网络作为工具实施恐怖主义与以网络作为目标实施恐怖主义。② 以网络作为工具实施恐怖主义包括：实施

---

① 中国国际战略研究基金会主编：《应对恐怖主义：非国家行为体的核扩散与核安全》，社会科学文献出版社 2012 年版，第 30—34 页。

② 朱永彪、任彦：《国际网络恐怖主义研究》，中国社会科学出版社 2014 年版，第 43—53 页。

网络恐怖心理战，网络恐怖主义分子通过网上媒体或自建网站，发布各种各样的恐怖信息和图片，散布虚假恐怖信息，制造恐怖氛围，给人的心里种下恐怖阴影，制造社会恐慌和混乱；进行恐怖思想宣传，恐怖分子利用网络和其他可以联网的信息系统来宣传、煽动并支持恐怖主义思想；组织恐怖活动，恐怖分子借助网络这个平台，在搜集资料、筹措经费、联络人员、购买装备、确定目标和展开行动等方面进行组织协调，确保恐怖行动成功实施；利用网络传授制毒、爆破、暗杀、劫持人质等犯罪方法。

5. 无人机恐怖主义

无人机恐怖主义即利用无人飞行器和其他未知系统附带简易爆炸装置对软目标和硬目标实施化学、生物或放射性的恐怖袭击，如几十架甚至上百架小型飞行器从美国空域袭击美国本土，这种隐蔽性强且代价低廉的混合袭击或集群袭击手段能够造成极大的社会恐惧。①

（四）传统恐怖主义与新型恐怖主义

恐怖主义的本质已经在悄无声息中发生了巨大变化，造就了恐怖主义新旧时代的巨大差别。“后现代恐怖主义”“超级恐怖主义”“灾难性恐怖主义”是对新恐怖主义犯罪的最好的描述。传统恐怖主义与新型恐怖主义的区别表现在以下几个方面：一是新型恐怖主义的动机多元化。传统型恐怖主义的动机主要是民族极端主义、无政府主义与极左思想，新型恐怖主义则出现了主张保护环境、保护动物、反堕胎的单一议题型恐怖主义。新型恐怖主义与宗教极端主义关联更加紧密，出现了民族极端、宗教极端混合型的恐怖主义。二是新型恐怖主义的活动范围更加广泛。传统型主要发生在一国或地区，新型恐怖主义则超越了国边境的地域限制，还出现了具有全球庞大恐怖网络的大型国际恐怖组织。三是行为更加致命。传统恐怖主义对打击目标有所限制，造成的死亡人数亦十分有限。新型恐怖主义则主张最大的恐怖

---

① 余潇枫主编：《非传统安全概论》（下卷），北京大学出版社 2020 年版，第 127 页。

效果与最大的死亡结果，恐怖袭击往往不加节制。为了增强恐怖效果，新型恐怖主义还注重高科技的使用，因而出现了网络恐怖主义、生物恐怖主义、化学恐怖主义、核恐怖主义等新类型。

第二章　恐怖主义全球治理的“中国方案”

2019年10月31日中国共产党第十九届中央委员会第四次全体会议通过了《中共中央关于坚持和完善中国特色社会主义制度推进国家治理体系和治理能力现代化若干重大问题的决定》。其中指出，中国国家制度和国家治理体系具有多方面的显著优势，具体包括“坚持独立自主和对外开放相统一，积极参与全球治理，为构建人类命运共同体不断作出贡献的显著优势”。① 当今世界正经历百年未有之大变局，中国正处于实现中华民族伟大复兴关键时期。② 中国提出积极参与全球治理活动，促进全球治理体系的变革与建设，既是为了坚定不移维护国家主权、安全、发展利益，也是为了坚定不移维护世界和平、促进共同发展，体现了中国的大国担当与责任意识。

和平和发展的时代主旋律虽然强劲，但国际社会依旧很不太平，特别是以恐怖主义为首的非传统安全挑战构成了对人类社会安宁、和谐的严峻考验。彻底根除国际恐怖主义，需要国际社会通力合作，亟需凝聚反恐共识。

恐怖主义全球治理是指，为解决国际恐怖主义带来的全球性挑战并从总体上改善人类安全环境，国家与非国家行为体凭借正式或非正

---

① 《中共中央关于坚持和完善中国特色社会主义制度推进国家治理体系和治理能力现代化若干重大问题的决定》，中国政府网，2019年11月5日，http：//www. gov. cn/xinwen/2019 - 11/05/content_ 5449023. htm。

② 《中共中央关于坚持和完善中国特色社会主义制度推进国家治理体系和治理能力现代化若干重大问题的决定》，中国政府网，2019年11月5日，http：//www. gov. cn/xinwen/2019 - 11/05/content_ 5449023. htm。

式制度展开的以国际反恐合作为主要内容的实践活动。当前国际恐怖主义发展情势险峻，国际反恐道路障碍重重，国际反恐合作效果不彰，根本原因在于旧的恐怖主义全球治理体制难以适应现实需要，新的恐怖主义全球治理共识尚未达成。“中国是恐怖主义的受害者，身处国际反恐斗争前沿。”① 在治理恐怖主义方面，中国取得了显著且良好的成效，总结了大量有益的反恐经验。中国愿意积极投身国际反恐合作，同世界分享中国智慧，为世界提供中国力量，与各国一道共同为世界撑起安全伞。

一、恐怖主义全球治理“中国方案”的基本构成

（一）共同反恐

共同反恐提出了恐怖主义全球治理的基本准则，包括安全成果各国共享、平等参与国际反恐事务和尊重各国核心利益等。

第一，安全成果各国共享原则指明了恐怖主义全球治理的终极目标，即通过国际反恐合作，建构安全命运共同体。人类安全理念经历了“族群”安全—传统安全—非传统安全。全球化下各国已结成一荣俱荣、一损俱损的关联体，既无法脱离世界安全来获得自身安全，也不可能通过别国不安全实现自我安全。安全成果各国共享原则既反对建立在牺牲别国安全基础上的绝对安全观，亦反对反恐取得阶段性胜利时的哄抢、独占反恐胜利果实行为，前者有违国际正义观、道德观，后者抹杀了其他反恐力量的贡献，均有碍于安全命运共同体的构建。

第二，平等参与国际反恐事务原则提出了恐怖主义全球治理的总体要求，即各国均负有平等参与国际反恐事务的权利与责任。面对全球化的国际恐怖主义，各国均难以置身事外。恐怖主义国际化早已有

---

① 习近平：《在德国汉堡出席二十国集团峰会领导人座谈会时的讲话》，《人民日报》2017 年 7 月 8 日第 1 版。

之，“9·11”事件是分水岭，促使界分国际与国内恐怖的传统学说失去意义。国际恐怖主义的新特点为“弥散化”和“网络化”，恐怖组织一旦失败即“化整为零”，“形”散而“神”不散，结成以极端主义为链接纽带的“中心（核心领导层）—外围（分支机构、外国恐怖战斗人员和‘独狼’）”覆盖全球的恐怖网络，并犹如一股“浊水”，不断涌向安全防范“低地”，“风险洼地效应”令世界任何角落都难谓永远净土。总之，基于恐怖主义“全民公敌”特性，各国均有权利且有责任参与恐怖主义全球治理，坚决反对大国利用反恐契机垄断地区安全事务行径。另外，各国应尊奉正确义利观合理履行反恐义务。大国具备更多反恐资源、手段和能力，理应肩负更全面的反恐责任，既要保护本土安全，又要主动推进国际反恐合作，做好国际反恐“旗手”；其他国家在维护本国安全前提下亦应积极参与国际反恐合作，发展中国家首先应加强内部社会治理，避免成为滋生恐怖主义的土壤。

第三，尊重各国核心利益原则是恐怖主义全球治理的前提。

首先，该原则倡导文明包容和文明宽容。文明的多样性与各国的差异性是既成事实，应抛弃冷战思维和意识形态划线的“有色眼镜”，将多样性与差异性转化为促进恐怖主义全球治理的活力和动力。恐怖主义在不同文明间划定“断层线”，意在“挑拨离间”，谋求“文明的冲突”。唯有包容宽容理念，方能在思想上触动恐怖势力的理论根基，将恐怖主义同某一民族、宗教或文化挂钩的做法则正中恐怖主义下怀。

其次，该原则要求全球治理必须遵守国际关系基本准则。近年来恐怖主义全球治理步履维艰的一个主要原因是许多国家对“主权让渡”问题忧虑重重。让渡司法管辖区、领空或者领土使用权等部分主权是参与反恐合作的代价，然而诸多国家亦担心外部势力趁机介入、干涉本国内政，侵犯本国主权或者领土完整，进而导致部分合作流于形式，难以见效。[①] 这种担心既有事实证据（一些国家在未征得他国同意情况下跨境追捕、打击恐怖分子），亦有学说理由（一些学者主张“全球化的民族国家终结论”），但是问题的本质源于旧的全球治理制度。现今国际社会普遍接受的事实，即由于新兴市场国家和发展中国家的快速发展，国际力量对比发生深刻变化，由此推动了全球治理体制的变革，国际关系民主化日益成为各国共识，必然要求各国在国际规则面前一律平等，遵守尊重主权、独立和领土完整、互不干涉内政等国际关系基本准则。因此，新的恐怖主义全球治理方案要求各国参与国际反恐合作以恪守国际关系基本准则和其他国际规则为前提，唯有在尊重各国核心利益的前提下，恐怖主义全球治理方能顺利进行。

（二）综合反恐

综合反恐对恐怖主义全球治理方式作了综合、全面、创新与法治四项要求。

第一，综合反恐是指在通盘考虑恐怖主义问题的历史经纬和现实状况的前提下，多管齐下、综合施策，协调推进安全治理活动。

首先，恐怖主义成因复杂性要求综合反恐。总体恐怖主义是国际因素与国内因素、历史因素与现实因素综合作用的产物。例如，导致当前非洲恐怖主义猖獗的外部因素包括阿拉伯世界的动荡不安和“圣战”分子大规模回流，内部因素包括部分非洲国家的经济模式单一、社会发展缓慢、民生问题突出、宗教隔阂严重、国家治理能力孱弱以及反恐维安能力匮乏等。[②] 又如，“圣战”意识形态既承袭了哈桑·班纳、毛杜迪和库特卜等人的激进观点，也“汲取”了“伊斯兰国”头目巴格达迪的“哈里发国”思想。具体恐怖主义既是社会结构下诸矛盾尖锐化的产物，亦是个人与社会互动的表征。在宏观角度，恐怖

① 潘光：《2018 年，全球反恐面临哪些新挑战》，《解放日报》2018 年 1 月 8 日第 4 版。

② 方宸：《非洲反恐出路何在》，《解放军报》2019 年 8 月 28 日第 11 版。

主义的滋生、蔓延受到经济发展、地缘政治、宗教文化等多重因素影响，联动性显著。在微观角度，年龄、性别等生理因素与认识、情感、意志等心理因素对特定恐怖分子特征的形成有重要影响。

其次，综合反恐主张从国际层面、国家层面、社会层面和个人层面推进反恐政策，反对单纯依赖某种措施的片面反恐。美式反恐一贯迷信武力，从小布什的全面战争模式到奥巴马、特朗普的有限介入模式，都能彻底根除中东地区恐怖主义，以致“越反越恐”。2019 年 10 月 27 日，特朗普虽高调宣称巴格达迪死于美军突袭，但既难以削弱国际恐怖主义整体实力，也无法掩饰国际反恐陷入的艰难处境。因而，坚持综合反恐，在国际层面，要改革现有的不公平、不合理的国际政治、经济秩序；在国家层面，应依据恐怖主义的影响因素在政治、社会、军事、法律、经济、文化等方面进行全面应对；在社会层面，宜坚持综合治理观念，既严厉打击恐怖主义，又着力改善社会土壤，完备规则机制，拓宽纾解紧张渠道；在个人层面，要推行一般预防和特殊预防的双重防范体系。

第二，全面反恐要求既着力解决当前突出的恐怖主义问题，又统筹谋划如何应对各类潜在的恐怖主义威胁，做到打击与防范并重。

首先，要保持对一切形式恐怖主义的高压严打。一是打击各类恐怖主义。恐怖主义分为宗教极端型、民族极端型、无政府主义型、极左型、极右型与单一议题型。宗教极端型与宗教—民族极端混合型恐怖主义是国际社会主要敌人，但不同地区、各个国家面临的具体恐怖威胁各异。打击各类恐怖主义，有利于巩固国际反恐阵营，从根本上遏制恐怖主义。二是打击恐怖主义与普通刑事犯罪并重。一方面，国际恐怖组织可能与跨国犯罪集团存在相互利用、相互庇护的联系。另一方面，恐怖主义犯罪同普通刑事犯罪间存在相互影响、相互促进关系，例如恐怖袭击会导致仇恨犯罪大幅增加，教唆、煽动型仇恨犯罪可能引发恐怖主义犯罪。三是坚决反对“双重标准”。全球无法形成恐怖主义的统一定义，各国具体认定有时大相径庭，导致恐怖主义难以彻底根除。坚持反对一切形式的恐怖主义，必须坚决摒弃“双重标准”。

其次，反恐宜“防范至上”。一是通过早期化刑事处罚使恐怖分子不敢为。恐怖主义旨在造成严重危害结果以危害政府的权威性与影响国民的信心。① 现代各国涉恐刑事立法一反古典立场，彰显预防主义倾向，通过涉恐犯罪预备犯、未遂犯的构成要件类型化，将处罚界限提前至具体危险甚至抽象危险范畴，以“打早打小”。二是通过遏制极端主义使恐怖分子不愿为。彻底消灭恐怖主义必断其极端思想之“根”。有别于反恐战争模式，打击暴力极端主义预防策略具有“柔性”反恐特质，涵盖面向不特定对象的构筑思想“防火墙”、提升个人“免疫力”的一般预防措施和针对特定目标的解除个人“精神枷锁”、重塑公民法忠诚感以及帮助再融入的特殊预防措施。三是通过消除犯罪条件使恐怖分子不能为。包括切断恐怖主义资金“血脉”，同恐怖主义争夺舆论“高地”等消除恐怖主义生存、发展条件的措施；截断线上、线下的传播渠道，严密监管互联网“第五空间”，关闭“诱良为恐”自媒体账号等消除恐怖主义宣扬、煽动、招募条件的措施；完备一般基础防范设施，并根据恐怖活动规律和特点，针对特定时间、特定场所和特定对象的特别防范设施等消除具体恐怖活动实施条件的措施等。

第三，创新反恐要求从创新中寻找解决新问题的对策。

首先，体系创新是根本。当前恐怖主义全球治理体系仍存在不公平、不合理与效率低等问题。不公平表现为大国垄断地区安全事务，推行霸权政策，为维护本国“绝对安全”不惜损害别国利益或者实行“双重标准”，庇护、支持别国“三股势力”；不合理表现为目前恐怖主义全球治理重视国家间的军事合作、治标措施合作和区域或双边合作，轻视国家间的制度合作、治本措施合作与全球合作；效率低表现为国家间政治互信不足、安全共识匮乏，国家冲突抵牾不断严重干扰

---

① ［英］保罗·吉尔伯特著，王易等译：《新恐怖与新战争》，中国人民大学出版社2010年版，第103页。

国际反恐合作。因此，以总体国家安全观为指导的恐怖主义全球治理体系改革完善势在必行。

其次，主体创新是动力。既要推动各国政府、国际组织及专门力量发挥积极作用，还要鼓励民间社会共同参与。一方面，各国政府和国际组织承担了治理的主体责任。作为打击和防范的主要机构，政府肩负着国内与国际反恐的主要职责，而区域性和全球性国际组织承担着引导反恐共识，维护反恐阵营，制定反恐规则、制度和协调具体反恐行动的重任。另一方面，非政府组织、跨国公司、民间社会要扮演好积极参加者的角色，从而形成反恐维安的合力。创新反恐要求打破固有思维模式，树立全民反恐、全球反恐观念，以社会治理和非国家行为体治理，弥补国家治理和国家行为体治理的不足。

最后，手段创新是保障，即运用先进理念、科学态度、专业方法和精细标准提高反恐效能。先进的反恐理念是指人类命运共同体观念和总体国家安全观，这些观念能够对恐怖主义全球治理产生强大指导作用；科学的反恐态度要以科学技术“武装”反恐力量，应对生物、化学、核材料和无人机等恐怖袭击；专业的反恐方法要求专门机构、专门人员完成反恐工作，同时还需要专门的研究机构提供智力支持，进一步提升专业水平；精细的反恐标准要求创新反恐实体性和程序性规则，保障国际反恐合作，提高反恐效能。

第四，法治反恐。法治是现代国际社会治理的基本手段，国际反恐合作应尊奉法治主义。

首先，在国际反恐立法层面，坚持联合国的主导地位，以平衡反恐与保障人权为宗旨。作为建立国际规范与合作框架的有效平台，联合国在推进国际反恐法治方面贡献突出，包括：联合国系统国际反恐条约，如《关于在航空器内犯罪和其他某些行为的公约》《制止恐怖主义爆炸的国际公约》《制止向恐怖主义提供资助的国际公约》和《制止核恐怖行为国际公约》等；联合国大会宣言或决议，如《消除国际恐怖主义措施宣言》《在打击恐怖主义的同时保护人权和基本自由》和《联合国全球反恐战略》等；联合国安理会预防和打击恐怖主义的有关决议，如第 1267（1999）号决议“谴责塔利班庇护恐怖分子和制裁措施”、第 1269（1999）号决议“加强国际合作，打击一切形式恐怖主义”和第 1377（2001）号决议“全球努力打击恐怖主义的宣言”等。总之，无论是联合国主导制定的国际反恐公约，还是由联合国大会或安理会发布的宣言、决议都是各会员国参与国际反恐事务必须遵循的法律依据。

其次，在国际反恐的执法层面，应坚持法律面前人人平等原则与严格执法原则。“法律的生命在于付诸实施。”① 维护国际反恐法治权威，依法行使权利，善意履行义务，是各国无可推卸的责任；确保国际反恐法律平等统一实施，反对法律适用双重标准，是各国责无旁贷的义务。当前国际反恐执法合作的法律依据包括：国际反恐公约，如《制止恐怖主义爆炸的国际公约》《制止向恐怖主义提供资助的国际公约》和《制止核恐怖行为国际公约》等；区域反恐公约，如《美洲国家组织关于防止和惩治恐怖主义行为的公约》《欧洲制止恐怖主义公约》《南亚区域合作联盟关于制止恐怖主义的区域性公约》和《打击恐怖主义、分裂主义和极端主义上海公约》等；双边反恐条约，如中国分别于 2002 年同吉尔吉斯斯坦、2003 年同塔吉克斯坦、2005 年同巴基斯坦签订的关于打击“三股势力”的合作协定等。当具体反恐合作缺乏相应国际法律支撑，合作双方亦可根据实际需要，遵循“平等互惠原则”就特定反恐议题开展国际合作。国际反恐执法合作的具体内容包括对恐怖活动犯罪的刑事司法协助，引渡和被判刑人移管，反恐政策对话，情报信息交流，国际资金监管合作，反恐人才培养，反恐经验交流等。

（三）合作反恐

国际反恐合作是恐怖主义全球治理的主要实现形式，合作反恐为

---

① 习近平：《论坚持推动构建人类命运共同体》，中央文献出版社 2018 年版，第 417 页。

推进国际反恐合作提出了对话合作和发展合作。

第一，对话合作反恐主张以对话促合作，即通过各方的坦诚深入对话，增进彼此战略互信，减少相互猜疑，求同化异、和睦相处，提升国际合作效能。

首先，反恐对话是国际反恐合作的重要组成部分。

其一，联合国高度重视反恐对话的作用，2018 年《联合国全球反恐战略审查》中多次强调鼓励、支持反恐对话合作，鼓励包括联合国同各会员国、区域和次区域组织之间的对话，如“欢迎联合国教育、科学及文化组织会会员国接触，以落实通过教育防止助长恐怖主义的暴力极端主义的各种战略”；不同国家、不同地区和不同文明实体之间的对话，如“需要加强会员国执法实体和金融情报单位的反恐官员间的对话与协调”，“鼓励会员国考虑如何更好地开展合作，以交流信息，互相协助”；联合国、会员国同民间社会之间的对话，如“鼓励包括非政府组织在内的民间社会酌情参与加强《战略》执行工作的各种努力，包括为此与会员国和联合国系统互动”，“鼓励会员国酌情与相关的地方社区和非政府行为体接触，以制定有针对性的战略”；会员国、联合国实体、区域和次区域组织和相关行为体同特定人群之间的对话，如“鼓励会员国、联合国实体、区域和次区域组织和相关行为体考虑建立机制，让青年参与促进和平文化、容忍、文化间和宗教间对话，并酌情提高对尊重人的尊严、多元化和多样性的认识”。①

其二，区域性国际组织视对话为促进合作的重要手段。如《上海合作组织宪章》第二十二条规定了解决争议的方式是“磋商和协商”。②《东南亚国家联盟反对恐怖主义公约》第六条合作领域中规定：“增强公众反恐意识和参与度，并促进宗教信仰内部和外部的对

① 《联合国全球反恐战略审查》，联合国官网，2018 年 6 月 26 日，https：//www. un. org/zh/documents/view_ doc. asp？ symbol = A/RES/72/284。

② 刘晓红、倪正茂主编：《上海合作组织重要法律文件选编：2001—2017》，法律出版社 2019 年版，第 4—10 页。

话以及不同文明间的对话。”①《南亚区域合作联盟关于制止恐怖主义的区域性公约》第八条亦有类似规定。②

其三，反恐对话甚至是许多国家的法定职责。如塔吉克斯坦1999年《反恐怖主义法》第九条规定：“塔吉克斯坦外交部通过与外国谈判，以及塔吉克斯坦政府立法确定的其他形式，调查、预防和制止国际恐怖活动。”③ 根据《中华人民共和国反恐怖主义法》第六十九条的规定，国务院有关部门根据国务院授权，可以代表中国政府同外国政府和有关国际组织进行“反恐怖主义政策对话”。

其次，反恐对话旨在促进国际反恐合作。

其一，反恐对话有利于增进对话双方的战略互信，减少相互猜疑，提升合作效能。以国家参与的反恐对话为例，分为国家与国家间、国家与国际组织间以及国家与其他非国家行为体间的对话。国家之间的反恐对话有助于双方建立正式的国际合作关系，或者改善双方的国际合作关系，前者如2016年9月27日中国和印度在北京举行了首次中印安全对话，为双方日后具体反恐合作奠定了基础；后者如中美双方分别在2009年、2014年和2016年举行了不同级别的反恐磋商。国家和国际组织间的对话能够促进双方的反恐合作、提升反恐能力，如中国与阿盟、非盟、东盟、南盟等区域性国际组织之间的反恐对话。国际组织应积极推动与国家的反恐对话。另外，国家还可积极开展民间外交，向海外广泛宣传本国的反恐政策、制度和立场，争取其他国家民间社会的理解和支持。国家同跨国公司进行对话合作，有助于保护国家的海外利益。

其二，反恐对话有利于以和平方式化解分歧、争端，巩固统一阵线。“沟通协商是化解分歧的有效之策，政治谈判是解决冲突的根本

---

①　段洁龙、徐宏主编：《最新国际反恐法律文件汇编》，中国民主法制出版社2016年版，第460页。

②　段洁龙、徐宏主编：《最新国际反恐法律文件汇编》，中国民主法制出版社2016年版，第466页。

③　赵秉志等编译：《外国最新反恐法选编》，中国法制出版社2008年版，第396页。

之道。”① 例如，双方对恐怖主义的具体认定发生分歧时，就需要坦诚深入地沟通、耐心细致地协商，采用政治谈判的和平方式来化解。

其三，反恐对话有利于达成反恐共识，协调反恐行动，形成反恐合力。一般而言，反恐对话的政策性较强，内容主要涉及反恐合作的宏观性、全局性、长远性、战略性的重大政策议题，旨在以协商谈判促使双方就重大问题达成倾向性框架协议，这也是《中华人民共和国反恐怖主义法》将反恐怖主义政策对话的主体限定为国务院有关部门的原因。当然，反恐对话亦可就具体反恐议题进行协商、沟通。

第二，发展合作反恐强调从培育合作意识和促进合作实践两方面入手发展国际反恐合作。首先，培育反恐合作意识应立足于共同安全利益，并倡导正确的反恐合作理念，摒弃有害、错误的反恐认知。

首先，共同安全利益是各国合作的动力，反恐合作意识的培育首先以寻求各国的共同安全利益为切入点。共同安全利益的形成主要受制于两方面因素，即全球化下各国家和人民的交流互动而主动产生的共同安全利益，以及由于国际恐怖主义的本质与活动特点而被动发生的共同安全需求。一方面，全球化下各国人民交流互动频繁，一国之内的恐怖袭击极有可能危及其他国家、人民的安全，同时世界各国密切联系、相互合作中也会产生共同安全隐患。前者如2019年斯里兰卡连环爆炸案造成了30余名外国游客受难，后者如中国在“一带一路”倡议中必然产生同合作国间的共同安全需要。另一方面，现代国际恐怖主义的二元对立本质决定了其与国际社会绝无妥协可能，现代国际恐怖主义全球化特征使得任何国家均无法置身事外、独善其身。因此，共同安全利益促使恐怖主义全球治理成为共同需要，任何怀抱侥幸心理者必将自食恶果。当然，培育反恐合作意识还应循序渐进，在共同安全利益的基础上，从低敏感领域入手，由简入难、由简入繁，不断扩展各个领域的反恐合作。

① 习近平：《论坚持推动构建人类命运共同体》，中央文献出版社2018年版，第417页。

其次，积极培育反恐合作意识，既要倡导人类命运共同体意识和反恐基本理念，又要反对以武力或武力威胁为解决争端方式的错误观念。正确看待全球化带来的消极影响，正视层出不穷、日益增多的共同挑战和共同风险，正确处理全球化产生的共同安全问题，坚持风雨同舟、精诚合作。坚持反恐合作基本理念，就是要在总体国家安全观的引导下恪守安全成果各国共享、各国平等参与国际反恐事务以及尊重各国核心利益等基本原则。摒弃错误的反恐观念，诸如动辄使用武力或以武力相威胁，为一己之私挑起事端、激化矛盾，以邻为壑、损人利己，或者奉行绝对安全观、反恐工具主义、反恐利己主义和霸权主义等。

最后，促进反恐合作实践要逐步扩大反恐合作领域、创新反恐合作形式。扩大反恐合作领域，包括扩大合作主体范围与合作内容范畴。前者是指鼓励国家超越传统合作思维模式，加强同不同地区、不同国家的反恐合作，以及坚持联合国主导下的全球反恐合作。后者是指立足于国际刑事司法协作，并不断扩展至反恐经验交流、反恐情报信息分享、反恐线索核查、反恐执法合作、反恐人才联合培养等多重领域。创新反恐合作形式，包括提高联合国主导的全球反恐合作效能，拓展国家同国际组织、跨国公司、民间社会等非国家行为体的合作方式以及增强在网络、大数据情报、人工智能等新兴领域的合作。

（四）可持续反恐

可持续反恐主张安全与发展并重，治标与治本兼顾，以实现持久安全。

第一，安全是发展的条件，打击恐怖主义为治本之策提供保障。国际社会合力打击恐怖主义需要注意以下问题。

首先，打击恐怖主义必须遵守国际法治。“失败国家说”将“失败国家”视为恐怖主义的温床。动荡是恐怖之源，国际恐怖主义的生成固然可能利用地区动荡、秩序混乱和政府管理不善等社会因素。但“失败国家说”容易使人忽略“失败国家”的产生原因。21 世纪以来，伊拉克之所以成为全球恐怖热点，并产生了“伊斯兰国”庞然怪物，与美国违反国际法悍然发动伊拉克战争有密切关联。

其次，打击恐怖主义仍需宽严相济。对恐怖组织的组织者、领导者以及“双手沾满鲜血”的积极参加者等“核心角色”必须依法严惩。对被动参与者，应秉持教育改造挽救的人道主义观念，鼓励、帮助他们参与去极端化项目，力争早日复归社会。

第二，发展是安全的基础，反恐治本之策是解决恐怖主义问题的“总钥匙”。首先，不能因为发展之策耗时长、成本大、见效慢就以打击之策取代，治标之策见效快，但不具有可持续性，长期运用副作用显著，“暴力镇压可导致国家转向另一种‘恐怖主义’，蚕食掉其道德基础与合法性，这是恐怖分子所乐见的”。[①] 恐怖主义是社会结构变化中矛盾尖锐、紧张淤积的结果，反恐归根结底要依靠社会治理。其次，反恐治本之策始终以人为本，社会发展的目的是促进人的全面发展。在谈及中东地区恐怖主义问题时，习近平总书记一针见血指出：“根源出在发展。”[②] 他进一步阐释，“发展事关人民生活和尊严……只有让青年人在发展中获得生活的尊严，在他们心中，希望才能跑赢失望，才会自觉拒绝暴力，远离极端思潮和恐怖。”[③]

“恐怖主义经济根源说”认为“恐怖主义是穷人的战争”。这种观点可以解释部分情况，但无法解释为何一部分恐怖分子出身中产阶级以上家庭的现象，也不能解释为何近年来欧美发达国家严重的本土恐怖主义问题。还有一些政府在去极端化时试图为服刑的涉恐人员提供大量经济资助，然而不仅未见成效，反被批评为“以金钱贿赂恐怖分子”。上述问题缘于将恐怖主义的根源简单化，将人的经济需求简单等同于人的所有发展需要。绝对意义的经济贫困可能会使人产生绝

---

① Tore Bjøro, “Counter - terrorism as Crime Prevention: A Holistic Approach,” Behavioral Science of Terrorism and Political Aggression, Vol. 8, No. 1, 2016, pp. 25 - 44.

② 习近平：《论坚持推动构建人类命运共同体》，中央文献出版社 2018 年版，第 316 页。

③ 习近平：《论坚持推动构建人类命运共同体》，中央文献出版社 2018 年版，第 316 页。

望情绪，进而步入恐怖主义的泥沼，然而人的发展需求并非局限于物质层面，还包括精神层面的人格尊严、荣誉感、信仰、理念等。一些人虽生活衣食无忧，但因种族、肤色、文化等因素受到歧视等，均可能产生相对剥夺感。“社会边缘化和文化疏离，会加深‘受害者’感觉，这种消极情感会引寻个人寻找生活的新出路。”① 一些人目睹相同文化、血缘、信仰的地区、国家或民族饱受外国干涉、社会动乱之苦，可能会产生强烈的愤怒情绪。国际恐怖组织在宣传、招募时亦会煽动、利用这种情绪。相对剥夺感、愤怒感都可能成为个人接受极端主义理念、加入恐怖组织的动机、诱因。归根结底，是人的发展不充分所致。所以，反恐治本之策应坚持以人为本的社会发展观。

二、恐怖主义全球治理“中国方案”的比较优势与实践路径

（一）恐怖主义全球治理“中国方案”的比较优势

西方国际关系理论界就国际安全问题形成了现实主义、自由主义和建构主义等三种主要的安全观，以此为基础分别产生了现实主义反恐观、自由主义反恐观与建构主义反恐观等具体方案。“中国方案”实现了对上述西方反恐理论质的超越。

首先，“中国方案”与现实主义反恐观的比较优势。现实主义认为，在国家对权力和利益的无穷追逐与国际社会无政府状态下安全只能依靠国家实力自助，霸权安全观主张以压倒性的权势威慑解决安全困境、实现稳定与安全。虽然“9·11”事件后的恐怖主义全球治理带有鲜明的霸权治理色彩，② 然而霸权策略根本不能遏制恐怖主义。

---

① Mohammed Hafez and Creighton Mullins，“The Radicalization Puzzle：A Theoretical Synthesis of EmpiricalApproaches to Homegrown Extremism，” Studies in Conflict & Terrorism，Vol. 38，No. 11，2015，p. 961.

② 曾向红：《恐怖主义的全球治理：机制及其评估》，《中国社会科学》2017 年第 12 期。

其一，霸权国家主要依据国家利益而非全人类共同利益来确定是否提供“安全”产品，“本国优先”心态往往导致“选择性反恐”与“利用性反恐”。其二，霸权国家治下的反恐阵营，参与国被边缘化，沦为实现霸权国意志的工具。2019 年 11 月法国总统马克龙公开“唤醒北约”，提出“盟国应集中应对恐怖主义，而非探讨如何减轻美国的财政负担”。[①] 其三，霸权主义系恐怖主义诱因之一，“基地”组织缘起于美苏争霸，“霸权维安”缺乏事实支撑。“中国方案”坚决反对霸权反恐观，反恐必先反霸，并倡导伙伴型的全球治理而非等级制的霸权治理。[②]

其次，“中国方案”与自由主义反恐观的比较优势。自由主义的集体安全观推崇国际组织、国际法、国际道德等集体力量和国际制度制约国家的破坏行为。自由主义反恐观主张利用集体安全模式来应对恐怖主义，包括建立专门的国际反恐机构，制定国际反恐法律规范，推广反恐战略，支持各国反恐能力建设，促进各国反恐协作，监督各国反恐执法以及制裁支持恐怖主义的国家等，缺陷在于不能遏制一些国家的功利性反恐，亦无法制止大国的霸权行为。“中国方案”汲取了该理论的合理成分，即坚定支持联合国主导下的国际反恐统一阵线，主张严格遵守联合国的反恐决议和相关法规，坚决反对任何国家借反恐之名绕开联合国直接发动军事打击、干涉别国内政的破坏国际法治行径。“中国方案”还实现了对自由主义反恐观的超越，即坚持继续完善联合国反恐机制，提高联合国反恐效能，并倡导以正确的义利观来协调各国反恐行动，各国应“以义为先、义利并举”而非“唯利是图、见利忘义”。

最后，“中国方案”与建构主义反恐观的比较优势。建构主义安全观重视共有知识、文化结构等内在观念对国际安全的塑造力量，并

---

① 孙海潮：《马克龙强调“唤醒北约”在西方阵营尚属首次》，《北京日报》2019 年 12 月 1 日第 4 版。

② 陈志敏：《国家治理、全球治理与世界秩序建构》，《中国社会科学》2016 年第 6 期。

指出安全共同体的实现方式。① 建构主义反恐观认为，基于安全共同体内的强烈互信、集体认同和高度共同体感，成员国间不会以武力解决争端，避免了刺激生成恐怖主义，当恐怖主义出现时全体成员国亦能一致应对，确保了集体安全。然而，建构主义者一般主张，安全共同体是区域经济一体化的客观产物，最终取决于共同的文化理念，如共同的制度、价值观和共同体感，故异质文化“土壤”难以开出安全共同体“花朵”。②“中国方案”认为安全合作非以同质文化为必要。“中国方案”指出，恐怖主义全球治理应正视、承认多样性与差异性，尊重各国自主选择的社会制度和发展道路，并倡导包容互鉴与求同存异，特别要尊重、照顾各方合理安全关切，寻求安全利益的最大公约数（恐怖主义是全人类共同的敌人），实现安全利益的全人类共享。

（二）恐怖主义全球治理“中国方案”的实践路径

首先，积极推广“中国方案”的国际宣传。各国日益将国际沟通领域的博弈视作预测与化解各类风险的新手段，公共外交成为应对非传统安全威胁的重要软实力。媒体外交是公共外交的重要形式，③ 国际反恐领域的媒体外交旨在国际社会上打一场思想和人心的争夺战，通过大众传媒向国家、国际组织、跨国公司和民间社会等国际反恐主体传达信息、影响舆情、塑造形象，以实现建立战略互信、促成国际反恐合作、获得相关支持并最终推进恐怖主义全球治理的目标。有效推广“中国方案”，宜采取新颖、多元的媒体宣传方式。

其次，持续推进“中国方案”的全球落实。一方面，发挥上海合

---

① 郭树勇：《建构主义与国际政治》，长征出版社 2001 年版，第 199 页。

② 石俊杰：《人类命运共同体理念下的“总体国家安全观”研究——对主要西方国际安全观的超越》，《重庆大学学报（社会科学版）》2019 年第 6 期。

③ 谢许谭、张明明：《新全球反恐时代的美国媒体外交》，《国际关系研究》2015 年第 3 期。

作组织的示范效应。在惩治恐怖主义方面，上海合作组织可谓成绩斐然。[①] 今后，上海合作组织应继续秉持综合施策，标本兼治，将“上海合作组织打造成安危共担的典范”。[②] 另一方面，全力推动联合国反恐机制的改革、完善。作为恐怖主义全球治理的最主要平台，联合国目前存在被“虚置”风险，如2010年美国以“联合国官僚主义严重”为由建立核安全峰会，之后又在联合国反恐框架外创设全球反恐论坛，又如为应对“伊斯兰国”问题国际社会形成了以美国、俄罗斯、法国、沙特、伊朗等为中心的多个反恐联盟。中国及上海合作组织一贯注重维护联合国权威，坚定坚持联合国主导的多边国际反恐合作体系，亦支持联合国的合理、必要的改革，积极推进《关于国际恐怖主义的全面公约》的制订，敦促各国达成恐怖主义共识，提高反恐机构的议事和工作效率，完备国际反恐法律的监督和制裁机制等。

最后，努力实现全球治理与国家治理的相互促进。恐怖主义全球治理与国家治理虽是两种并行的、不同的治理活动，但是在恐怖主义高度国际化的情景下，全球治理与国家治理又是相互依存、相互渗透、相互影响和相处促进的。彻底根除恐怖主义必须凝聚全球治理与国内治理的合力。在总体国家安全观的指导下，恐怖主义的国家治理必须坚持共建共治共享的整体思路，实行专群结合、群防群治，打击和预防并重，治标与治本兼顾。恐怖主义的全球治理则应遵循共商共建共享的总体路径，贯彻共同、综合、合作与可持续的反恐新理念。

---

① 自2004年上海合作组织常设性的地区反恐怖机构启动后，上海合作组织通过联合执法、情报交换等手段成功挫败600多起恐怖袭击事件，捣毁6个极端组织和2个恐怖活动团伙，共计歼灭400余名恐怖分子，抓获包括国际通缉的恐怖组织成员在内的2000多名非法武装分子或恐怖嫌犯。参见中国上海合作组织国家研究中心编著：《上海合作组织：回眸与前瞻（2001—2018）》，世界知识出版社2018年版，第37页。

② 习近平：《凝心聚力 务实笃行 共创上海合作组织美好明天》，《人民日报》2019年6月15日第2版。

第三章 外国恐怖战斗人员回流问题的应对

21世纪以来，借助中东地区的战乱与暴力冲突，“伊斯兰国”在伊拉克和叙利亚日益猖獗，造就了新一轮的“迁徙”“圣战”潮。全球数以万计的极端激进者蜂拥至伊拉克和叙利亚地区宣誓为“伊斯兰国”效忠、战斗。仅2014年6月至2015年12月间，前往伊、叙的“圣战”分子便从1.2万人猛增至2.7万—3.1万人。2016年6月，据美国情报机构估计，来自世界100多个国家的约4万名外国恐怖战斗人员聚集于伊、叙地区。毋庸置疑，21世纪发生在伊、叙的外国恐怖战斗人员全球招募的规模、能量、影响力与破坏力都是极为巨大的。这主要归因于现代社会的通信、运输与网络技术的高速发展，促使恐怖主义的宣传、煽动、教唆、密谋与勾连变得愈发容易。

在全球反恐怖力量的联合打击下，2016年“伊斯兰国”初现颓势，进而迅速转为崩塌和溃散。然而，恐怖主义借助“化整为零”手段延续“生命”。隶属于“伊斯兰国”或者曾活跃于武装冲突地带的外国恐怖战斗人员逐步向母国或者有利于生存的地区转移。在2017年，共有来自33个国家的超过5600名外国恐怖战斗人员返回国籍国或原居住地。更多的恐怖分子则向东南亚、南亚与中亚地区汇聚。“圣战”分子的回流问题成为全世界最为急迫和棘手的安全难题。因为他们拥有更加丰富的恐怖动员、组织人员和策动恐袭的能力。

2020年伊始，人类社会步入“新冠病毒感染疫情时代”。病毒大流行对全球政治、经济、文化与社会的重塑效能显著，恐怖主义概莫能外。一方面，恐怖主义或利用病毒大搞生化恐怖袭击，或建构“天罚”恐怖叙事蛊惑人心，或控制当地政治以借机扩张影响、势力。另一方面，一些国家忙于“抗疫”与疫后经济恢复提振，对反恐怖工作“心有余而力不足”，从而给国际恐怖势力可趁之机。以“伊斯兰国”“基地”组织为代表的国际恐怖组织正试图加速扩张，潜伏于世界各地的外国恐怖战斗人员亦受到其煽动教唆。如何防范、打击与矫治回流的外国恐怖战斗人员，是世界多国面临的重要问题、难点。许多国家在反恐实践中总结出了不少经验与教训。

一、外国恐怖战斗人员的形成机理

联合国安理会第2178号决议将外国恐怖战斗人员定义为：“个人前往一个并非其居住或者国籍所在的国家，其目的是实施、计划或者准备、参与恐怖活动，或者提供培训或者接受恐怖培训，以及与武装冲突地区进行联系。”本章语境下的外国恐怖战斗人员主要指，前往或者试图前往叙利亚或者伊拉克参与以“伊斯兰国”为代表的“圣战”组织的个人，无论其尝试策划、实施恐怖活动或者为恐怖组织提供各种帮助、资助。外国恐怖战斗人员的回流是指上述人员潜回至其居住国或者国籍国的现象。

（一）外国恐怖战斗人员的动机

动机具有阐释犯罪原因的机能。“动机是激发行为的一种内在冲动，是在外部环境和具体情势影响下产生和强化了的需要、兴趣和情感所决定的一种愿望。动机一旦形成，便会出现作为特定行为预想的和希望的结果之目的。"① 成为一名外国恐怖战斗人员的动机包括以下类型。

1. 同情、怜悯型

部分学者指出，在2011年至2014年间，对阿拉伯世界与穆斯林所谓的"同情"和"怜悯"构成了教唆西方年轻人投身叙利亚冲突的决定性因素。

2. 宗教狂热分子

一些人试图成为外国恐怖战斗人员的目的并非物质、经济性的，与20世纪发生在阿富汗的情况不同，恐怖组织意识形态的"拉动"因素对宗教狂热和激进分子的吸引力更大。所以，政治诉求和宗教狂热才是理解他们的动机的关键要素。②

3. 复仇、妄想或自证型

一些人并非基于宗教原因，而是出于某种个人因素而参加外国恐怖组织的。这种个人因素包括，对个人、民族、社会乃至国家的报复情绪，或认为恐怖组织能"帮助"其实现某种"宏伟夙愿"的妄想，或是认为这能证明自己。

4. 渴望冒险型

恐怖组织利用一些人渴望刺激、冒险的动机、心理，大肆加以煽动、蛊惑。例如2013年，"伊斯兰国"频频通过网络发布海报或者视频，向西方青年群体宣扬极端主义，怂恿、欺骗这些年轻人前往伊拉拉克和叙利亚等冲突地带加入恐怖组织。透露的信息也很简单："过来吧，年轻人们，加入我们！这将成为你一生中最大的冒险。"③

---

① ［俄］阿·伊·道尔戈娃著，赵可等译：《犯罪学》，群众出版社2000年版，第57—58页。

② Schmid, Alex and Judith Tinnes, "Foreign (Terrorist) Fighters with Is: A European Perspective," ICCT, December 2015, http://icct.nl/publication/foreign – terrorist – fignters – witn – is – a – europe – an – perspective/.

③ Sara Zeiger, Anne Aly, "Countering Violent Extremism: Developing an Evidence – base foe Policy and Practice," Australia: Curtin University, 2015, pp. 14 – 15.

5. 物质回报型

物质回报是大部分恐怖组织招募人员所利用的噱头。在一项针对217名荷兰籍外国恐怖战斗人员的实证调研中研究人员发现，他们绝大多数人来自于社会的下层阶级，缺乏完整的教育背景或者职业技能资质，并且时常处在失业状态。另一项针对125名意大利籍外国恐怖战斗人员的研究也证明了这一点。

（二）外国恐怖战斗人员的极端化

极端化是对外国恐怖战斗人员的形成过程的描述。“个人的身份背景如此不同，所以不太可能受到相同动机的影响。因此，极端化是一个极度复杂且‘个人化’的进程。”① 但毋庸置疑，极端化是社会的宏观因素与个人的微观因素相互作用的产物。一则，外部的政治、经济、文化等社会条件发展不充分给与了极端化的“土壤”。“绝大多数外国恐怖战斗人员来自于社会的边缘群体，他们都是些‘前途黯淡渺茫’的人。”② 再则，将暴力视作实现目的之唯一“正当”方式的极端主义理念为极端化提供了关键性的指引。

在外国恐怖战斗人员的极端化过程中，消极情绪、组织网络、意识形态与使能环境是四种重要的影响因素。

1. 消极情绪

消极情绪会引导个人尝试寻求生活的新方向、新出路，从而对极端化具有启动功能。例如，经济的边缘化与文化的疏离，加深了个体在受挫后的“被害者”感情，并容易将这种怨恨情绪导引向社会或者国家。“这些‘圣战’分子经常会探讨人生中所遇到的种种困难、桎梏，从而使得他们更加意志低沉、失落，他们感受到了孤

---

① Peter R. Neumann, “Radicalized: New Jihadists and the Threat to the west,” London: L. B. Tauris, 2016, pp. 88 – 89.

② Bergema, Reiner and Marion van San, “Waves of the Black Banner: An Exploratory Study on the Dutch Jihadist Foreign Fighter Continent in Syria and Ira,” Studies in Conflict and Terrorism, Vol. 42, No. 7, 2019, pp. 20 – 21.

立，即彻底丧失对社会的身份归属感，以致于他们并不认为自己是社会中的一份子。”① “欧洲的圣战主义根植于一种弥漫在青年人世界的‘毫无未来’的亚文化思潮之中。”②

2. 组织网络

当存在一种能够使得普通个体同极端分子、恐怖组织相互交流的纽带时，这种联系将为个人提供一次极端化的“再社会化”契机，从而重新塑造其不同于主流价值观的新理念。由此可见，这种联系是一种有意义的联系，充满了对某种价值元素的追寻和探求。同时，这种联系也能够为教化对象的心理需求甚至物质需求满足提供必不可少的帮助，特别是基于血缘、地域或者文化而结成的纽带，从而有利于教化者与教化对象之间的沟通。

“日常心理理论”较好地诠释了个体接受极端组织、暴恐团体“规训”的机理。该理论建立在两个假设的基础之上：所有人都渴望创造一种稳固的“嵌入式”生活；所有人都渴望感到自己的生活是“嵌入式”的。这种“嵌入式”是一种人们对日常生活的牢牢把控感，这种感觉是通过人们拥有能够实际处理日常生活所遇到的各类琐细的能力来展现的。在“日常心理理论”看来，一种良好的“嵌入式”生活是指，人在日常生活中所面临的问题及其解决问题的能力是匹配的。反之，“嵌入式”生活的缺乏源自于一种不匹配性：或者人们面对的问题过于困难，或者人们缺少解决问题的能力。而对于生活“嵌入性”的威胁来自于人的生活体验，例如孤立，缺少解决问题的方式、方法，缺乏承认，亲人故去，经济危机或者移民等。这些因素均可能导致他们失去对人生的掌控力，与之相伴随的是一种不确定性：你究竟是谁？你属于哪里？你要去哪

① Bergema, Reiner and Marion van San, “Waves of the Black Banner: An Exploratory Study on the Dutch Jihadist Foreign Fighter Continent in Syria and Ira,” Studies in Conflict and Terrorism, Vol. 42, No. 7, 2019, pp. 20 – 21.

② Bergema, Reiner and Marion van San, “Waves of the Black Banner: An Exploratory Study on the Dutch Jihadist Foreign Fighter Continent in Syria and Ira,” Studies in Conflict and Terrorism, Vol. 42, No. 7, 2019, pp. 20 – 21.

里？当人们感受到自己的“嵌入式”生活遭到威胁时，人们通常会努力营造一种“嵌入性”；当人们处于一种不确定的状态时，人们就会尝试寻找确定性。人在重建“嵌入性”和消除不确定性时，通常会选择营建一种归属感，或者重建旧的归属感（例如朋友关系、家庭关系、工作伙伴关系和同学关系），以便于发展出一套新的自我认知和身份认同（可能是亚文化的、宗教的或者政治的），或者获得解决生活问题的能力或资源（通过教育、治理或者指导等）。组织能够有效减少自我的不确定性，帮助获得“嵌入性”。特别是当组织的内在紧密链接能力越强，它所提供的身份认同性越强，就越能够帮助人们找到“嵌入性”与确定性。例如，组织是完全封闭的、内部团结的、行动指向明确的、规则制度健全的，甚至有“道德”约束的以及成员们被聚拢在一起并且拥有共同的所谓使命。恐怖组织和极端团体通常拥有这些特征，因此这类组织及其构建的“宏伟蓝图”能够为感受到生命“嵌入性”危机和自我不确定性的人们提供某种庇护。

3．意识形态

极端主义的政治理念中包含着一种对世界和对个人的极端化叙事。在这场叙事之中，极端主义将个人或者群体的失意、受挫，与社会的脱节以及与主流文化、法律秩序的背离等具体现象成功地融入到更为宏大的政治性评价之中，从而重塑了问题的原因；极端主义将敌人予以“非人化”和“妖魔化”，作为对敌人施以暴力的原因；极端主义鼓吹“奉献”和“牺牲”，将其描述为“救赎”，并以某种难以验证的“奖励”坚定那些试图以暴力解决问题的人们的决心和信念。

4．使能环境

极端化不可能一蹴而就，而是需要一定的物质的和心理的条件予以不断强化、支持，包括互联网、社交媒体、监狱或者外国恐怖战斗人员训练营等。例如，极端组织利用网络传播极端主义理论，灌输恐怖暴力思想以及传授犯罪方法。监狱成为“圣战”思想泛滥的温床，普通刑事罪犯在服刑期间被激进化为极端分子的现象日趋严重。另外，一些具有极端倾向的年轻人通过出境参与外国恐怖战斗人员训练营，强化了极端主义理念。

二、外国恐怖战斗人员的回流及其危害

（一）外国恐怖战斗人员的回流现象

外国恐怖战斗人员并不是一个新现象。早在20世纪80年代的阿富汗战争以及21世纪初的伊拉克战争之中，就聚集了大量“圣战”分子。例如，在1980年至1992年间，阿富汗外国恐怖战斗人员的数量多达20万人。当这些战争结束，残余的外国恐怖战斗人员的去留就成了问题。以阿富汗战争为例，一部分来自埃及和阿尔及利亚的老兵返回其本国后迅速投身于反政府武装运动之列。在东南亚，一些印度尼西亚的战士成立了“伊斯兰祈祷团”，该组织在2002年策划了“巴厘岛爆炸案”。特别是“基地”组织的核心领导层，绝大部分由参加过阿富汗战争的沙特籍和埃及籍老兵构成。此外，一些人返回西方国家后先后在欧洲、北美与大洋洲策动恐怖袭击事件。“20世纪90年代至2010年左右，西方国家发生的宗教极端型恐怖活动中，约46%的案件是由那些有着海外作战经验的恐怖分子返回本国后策划并实施的。更重要的是，由外国恐怖战斗人员策动的恐怖袭击往往更加致命。”①

恐怖组织将外国恐怖战斗人员视作重要“武器”。例如，“基地”组织善于煽动、教唆和指挥外国恐怖战斗人员潜回西方国家实施恐怖袭击。早在20世纪90年代，外国极端分子在位于阿富汗的塔利班训练营完成彻底的意识形态激进化并掌握恐怖袭击相关的技术。虽然训练营并非由“基地”组织管理，但是它将极端主义思想

---

① Andrew Zammit, “Australian Foreign Fighters: Risks and Responses,” The Lowy Institute for International Policy, 2015, pp. 3 – 7.

渗透到“学员”的日常操练之中，实现对后者的恐怖“规训”，最终为“基地”组织的全球“圣战”战略奠定必要的基础。本·拉丹及其他“基地”组织的高层领导人非常关注每一个经过严格“筛选”的“学员”，打入他们的圈子，告诉他们最大“敌人”是由“十字军”和犹太人组成的联盟，教唆他们要做好必要准备，以便于随时被派遣至世界各地展开“圣战”。①

（二）外国恐怖战斗人员回流的危害

至少有一部分外国恐怖战斗人员根本不愿意或者不能回流至本国。例如，许多欧洲恐怖分子在前往叙利亚之后就焚烧了自己的护照，清楚地表明自己不想返回欧洲。例如在叙利亚执行自杀炸弹攻击的美国人穆尼尔·穆罕默德·阿布·萨哈在离开了叙利亚后又前往其他国家参与武装冲突活动，而并非选择返回其国籍国。外国恐怖战斗人员未能回流的原因包括：其一，极度狂热、痴迷于暴力恐怖活动，以致根本不想返回本国；其二，由于担心返回本国后会遭到逮捕、审判而不敢返回本国；其三，恐怖组织不允许其返回并没收了护照，或者外国恐怖战斗人员直接战死于暴力冲突之中。

然而，毕竟还有相当数量的外国恐怖战斗人员希望返回本国。“回流人员危害否定论”认为，回流人员不会成为本国的严重安全威胁，因为外国恐怖战斗人员并不必然会转化为本土恐怖分子。挪威防务研究所恐怖主义问题专家托马斯·赫格哈默指出，源自西方国家的外国恐怖战斗人员在其返回本国后，只有不到1/9的人会牵扯进当地的恐怖袭击事件中。他认为，大多数的“圣战”分子更愿意在国外战斗而不是在本国实施恐怖主义，因为前者能够造成更严重的国际危害。还有学者认为，在冲突地带接受武装培训的人，不一定会参与国内恐怖袭击。“在叙利亚冲突早期，西方国家的外国

① Andrew Zammit, “Australian Foreign Fighters: Risks and Responses,” The Lowy Institute for International Policy, 2015, pp. 3 – 7.

恐怖战斗人员中，澳大利亚人居多。大约有200个澳大利亚籍人员出境参加‘圣战’。直到2015年，他们之中至少有30个已经返回澳大利亚，但是无一人牵涉本国的恐怖袭击案件。”① 所以，“本土恐怖主义比回流者的威胁要大得多”。② 但是，更多人认为，外国恐怖战斗人员一旦回流，即会对本国构成严重的安全隐患。这种威胁表现在以下几个方面：

第一，外国恐怖战斗人员在冲突地带的实践活动中掌握大量策动、实施恐怖活动的技术，从而完全可能运用到本国的恐怖袭击当中。

第二，外国恐怖战斗人员可在境外参与恐怖组织，从而了解建立恐怖组织的经验和技术。例如“索马里青年党”的领导人曾经在阿富汗“学习”“基地”组织的运作模式，以及与其他人勾连和合谋的方式。

第三，外国恐怖战斗人员将学习到的极端主义理念在本国进行大肆传播。

第四，回流的外国恐怖战斗人员成为招募、培训新的外国恐怖战斗人员的主要力量。回流人员可能会得到家乡年轻人的“崇拜”，同时回流人员还拥有能够前往海外参加所谓的“圣战”的途径和方式。

总之，回流的外国恐怖战斗人员为本国带来的安全威胁绝对不容小觑。事实证明，一些恐怖分子往往在其返回本土后在很短的时间内便策动了恐怖袭击。例如，在2015年法国巴黎恐怖袭击案和2016年比利时布鲁塞尔恐怖袭击案中，半数以上的参与者回到欧洲的时间仅为1至6个月。但也有一些研究人员提供的数据显示，回流者从事国内攻击的概率较低，可能是后者一旦返回本国就受到审

① David Malet and Rachel Hayes, “Foreign Fighter Returnees: An Indefinite Threat?” Terrorism and Political Violence, Vol. 32, N0. 8, 2020, pp. 1622 – 1623.

② Thomas Hegghammer and Peter Nesser, “Assessing the Islamic State's Commitment to Attacking the West,” Perspectives on Terrorism, Vol. 9, No. 4, 2015, p. 30.

判和监禁的缘故。

（三）回流人员实施恐怖活动的影响因素

首先，外国恐怖战斗人员是否愿意在回流后制造恐怖袭击，一定程度上取决于其在冲突地带的“圣战”经历。研究发现，如果一名外国恐怖战斗人员在国外的生活短暂且其并未参与策划恐袭，那么意味着他们更有可能在重返家园后变得更加暴力极端化。相反，长期参与恐怖组织犯罪，有可能会令外国恐怖战斗人员变得消极、幻想破灭或者受伤、残疾或者死亡，导致其失去再策动、实施恐怖活动的能力。例如，大量来自欧洲的外国恐怖战斗人员在抵达伊拉克、叙利亚之后，并未从事实际的恐怖活动。因为，相较于来自车臣、利比亚或者伊拉克地区的人员，欧洲人普遍缺乏战斗经验。一般来说他们只能从事等级较低的军事工作。对于很多西方人而言，这很容易激发挫败感。因此，一些西方人主动返回欧洲为恐怖组织募集资金和购买必要装备。欧洲的外国恐怖战斗人员一旦返回本国，策划实施恐怖袭击的可能性就比较大。

其次，外国恐怖战斗人员对于海外经历的认知也可能左右其回流后是否继续策动恐怖袭击的意图。这取决于外国恐怖战斗人员在当地实施恐怖活动的具体动机。

最后，回流人员是否会实施恐怖活动，取决于其整体犯罪计划。与一些热衷于在国内发动攻击的本土恐怖组织不同，一些为外国恐怖战斗人员提供支持的恐怖网络会尽量避免在本国策动恐袭，以防止其同境外恐怖组织的联系曝光，或者影响到其整体犯罪目标的实现。所以，一些专门在国外参与“圣战”运动的回流人员很少在国内实施非法行为，因为他们的犯罪目标是“跨国性”的，而非“本土性”的。

三、回流的外国恐怖战斗人员的防控

各个国家基于反恐经验、历史和文化的差异性，选择不同的模式来应对回流的外国恐怖战斗人员。一些国家倾向于镇压式的“刚性”反恐怖措施，如通过刑事司法系统和行政强制措施，采取吊销旅行证件、撤销外国人居留许可、剥夺国籍或者有期徒刑的方式。一些国家则推崇包容性较强的“柔性”反恐怖措施，如辅导计划、职业培训、医疗和心理治疗等等。

（一）“刚性”反恐怖措施

1. 刑罚

监禁刑是针对回流人员的主要刑罚措施。一方面，社会公众基于对外国恐怖战斗人员的恐惧心理，倾向于对其普遍性地施加剥夺或者限制人身自由的刑罚方式。另一方面，对于那些人身危险性极高的外国恐怖战斗人员，通过监禁刑来消除其再次危害社会的能力不失为一种可行且有效的办法。英国、荷兰、奥地利、法国和德国等诸多国家均将出境参加恐怖组织设置为罪行或者加重刑罚。摩洛哥在2013年颁布的反恐怖主义法中将“试图前往别国参加非政府武装组织行为”设定为犯罪，构成该罪者可被科处5年至15年的有期徒刑和罚金。

对回流人员广泛地施加监禁刑存在以下问题。

第一，监禁刑的特殊预防功能存疑。监禁刑能够在短期内遏制极端主义蔓延，但是难以长期消除极端主义；服刑人员在服刑期间通过改造而彻底放弃极端思想的比例较低。大约只有30%的犯罪分子能够通过监禁刑实现去极端化；一些服刑人员在服刑期间表现出重返“伊斯兰国”的迫切心理，这部分人员在刑满释放后试图再犯的可能性极高。

第二，监禁刑的威慑功能可能产生副作用。监狱的威胁可能将部分回流人员推向另外一种暴力。

第三，监禁刑存在“交叉感染”问题。监狱被视作极端主义的“孵化器”。部分回流人员在监狱内从事煽动、教唆和招募行为，导致一些危险性并不高的服刑人员激进化。在美国和一些欧洲国家，由于某些回流人员仅被控以资助恐怖主义罪行而被实际科处的刑罚不足5年。这导致，一方面由于刑期过短，上述人员并没有得到很好改造。另一方面这些回流者面临着被其他服刑人员“感染”的危险。

第四，监禁刑诱发的社会问题。首先，监禁刑的普遍适用反映出重刑主义的刑事政策倾向。采取该政策的国家将回流人员视为潜在的威胁，对其行为进行严厉处罚，使其受到刑事追诉和监禁，但并未充分考虑到他们在境外参与恐怖主义的程度和人身危险性。其次，在欧洲，监禁刑不仅阻止了外国恐怖战斗人员归来，也会引发当地特定群体的“污名化”、孤立化和边缘化。最后，监禁刑使得回流人员融入、复归社会更难。

2. 剥夺国籍

刑罚的成本较高，且面临着矫治失败的风险。因此，一些国家倾向于低成本方式应对外国恐怖战斗人员，如剥夺国籍，澳大利亚、英国等国家普遍采用该手段。本文以澳大利亚为例予以说明。

在叙利亚爆发武装冲突以前，澳大利亚对剥夺国籍采取了较为谨慎和保守的立场。澳大利亚官方认为，国籍一般不应该被剥夺。剥夺国籍，以及因此导致的法律驱逐，仅仅发生在非常具体的情况之下，例如一个人通过欺骗的方式归化。2015年，基于对澳籍恐怖分子回流的担忧，以及受2014年英国移民法案的影响，澳大利亚联邦议会修正了国籍法，使得国籍撤销制度可适用于恐怖主义行为。

根据澳大利亚立法，可以对14岁以上、同时拥有澳大利亚国籍与另外一国国籍的双重国籍者且具有以下三种情况之一的，实施剥夺国籍的惩罚：一是某人实施了拒绝效忠澳大利亚的行为。所谓

“拒绝效忠行为”包含外国恐怖战斗人员的行为，如为恐怖组织招募、参与恐怖组织的训练、参加恐怖行为或者海外的敌对行为。除实施上述行为之外，还要满足动机要求，即行为必须是为了：实现一个政治、宗教或意识形态的目的，并且强制或者恐吓联邦、州和地方政府，或者该政府的一部分，或者外国政府，或者公共社会的全部或者一部分。这个动机要素适用于每一种“拒绝效忠行为”，包括外国入侵和招募犯罪。当行为和动机同时具备，就会产生剥夺国籍的法律效果，除非澳大利亚移民局局长决定使用非强制性自由裁量权将某人排除在该条款的适用范围之外。二是某人为被认定的恐怖组织提供帮助，或者为该恐怖组织战斗。所谓“认定的恐怖组织”是经澳大利亚政府基于合理理由认定该组织涉嫌直接或间接地实施恐怖行为或者宣扬恐怖主义行为，且该行为危害澳大利亚利益与价值。该情形的适用只要行为符合客观要件即可，无犯罪意图要件的要求。因此，为了避免该立法过于宽泛而产生的消极因素，故同时设置了例外条款，即非故意实施的行为、被强迫实施的行为或者从属于中立和独立的人道主义救援的一部分的行为免于该情形适用。三是某人实施了一个或者多个具体的恐怖主义罪行且将要被判处 6 年及其以上的刑期。在这种情况下，移民局局长将被授权发布关于其国籍属性的书面决定。行为人将通过 1 个公共利益测试，该测试主要考察行为的严重程度、对澳大利亚社会的威胁与危害、行为人的年龄（如果属于未成年人，需要秉持“儿童利益最大化”原则）、行为人与其另一国籍的关系、澳大利亚国际关系以及其他相关的公共利益需要等。移民局局长根据测试结果来判断行为人是否已经明确表示拒绝效忠于澳大利亚，从而作出是否剥夺国籍的决定。

剥夺国籍措施存在以下弊端。

第一，国籍证明的困难。为避免因适用剥夺国籍导致对方陷入无国籍状态，许多国家将剥夺国籍的对象范围限定为双重国籍者。然而，在实际科处剥夺国籍措施时，往往存在双重国籍证明的障碍。例如，当A国拟驱逐一名回流者剥夺其A国国籍时，需要证明其拥有B国国籍。但B国除非同A国建立固定、良好的合作关系，否则B国一般不愿意主动配合A国证明回流者拥有B国国籍，特别是当B国也希望阻止该回流者返回B国时。故此，许多国家虽颁布了剥夺外国恐怖战斗人员国籍的法令，实际适用率却不高。例如，2017年澳大利亚政府成功地剥夺了一名外国恐怖战斗人员哈立德·沙拉夫的国籍，这主要归因于澳大利亚同沙拉夫的另一国籍国——黎巴嫩之间存在合作关系。

第二，剥夺国籍的有效性问题。显然，通过剥夺国籍阻止了外国恐怖战斗人员回流，能够极大地削弱本土发生恐怖袭击的危险，但是该措施并未彻底消除恐怖主义，甚至有可能创造更为严重的国际恐怖主义危机。因为，那些被剥夺了国籍、无家可归的人极有可能转而加盟恐怖组织网络。典型的例子就是本·拉丹，他在被沙特剥夺护照之后，彻底投身于国际恐怖主义之中。换言之，如果不能或者不愿意挽救外国恐怖战斗人员，帮助一部分危险性较低的人复归社会，那么我们迟早会看到国际社会上徘徊、游荡着的一个规模巨大的极端群体，这个群体或许就是下一个“伊斯兰国”。因此，一些国家为了减少回流人员风险，选择尝试将这些人“留”在冲突地带。然而，这种威慑对于那些经验丰富、深受极端主义思想影响的人根本不起作用。

（二）“柔性”反恐怖措施

除了惩罚、隔离和排除的“刚性”反恐怖措施之外，还可对外国恐怖战斗人员实施旨在改造、重塑和助其复归社会的“柔性”反恐怖措施，即对回流人员的去极端化。

1. 沙特模式

沙特以监狱为基础开展对外国恐怖战斗人员的去极端化，目标是促使回流人员放弃极端思想和复归社会，特点是允许宗教人士参与到去极端化项目之中，聚焦于驳斥具有误导性的极端主义教义与意识形态，阻止和预防极端组织煽动、招募、教唆活动，具体措施包括职业技能培训，就业指导和补助，加强家庭和社会的参与以及强化服刑人员与家庭、社会和国家的纽带联系。采用该模式的还有也门、埃及、印度尼西亚、马来西亚和埃及等国家。

2. 丹麦模式

欧洲地区，针对回流人员的“退出项目”以丹麦“奥尔胡斯模式”最为著名。该模式以社区为基础，强调通过社会紧密联系、提供教育和就业机会、培育生活技能等方式为丹麦籍回流人员提供矫治与复归项目。该项目强调警察、政府与当地非政府组织、社区合作，鼓励家属、社区领袖、宗教教职人员和执法机构参与。该退出项目还与相关的福利制度、医疗和心理治疗措施相互配合。

“奥尔胡斯模式”始于2007年，该项目最初的目的是预防青少年激进化问题，因此干预对象限定为未成年人。2011年1月1日，项目转由社会服务机构、学校和警察机构组成的联合部门管理和运营，旨在建立一个能够容纳不同社会背景、族群和文化的可持续的和具有凝聚力的社区。2012年以后，该项目将目标群体扩展至成年人，并建立了针对暴力极端分子的“退出项目”，其对象是受到政治或者宗教极端主义激进化的煽动且实施了煽动、鼓励、支持或执行暴力极端行为的人，特别是回流的丹麦籍恐怖战斗人员。“退出项目”的目标被设定为：帮助个体离开极端主义环境和群体；为离开极端主义的个人建立一种能够包容他/她的社会条件。项目措施包括风险评估与指引、咨询与指导、强制指导程序、教育与就业、心理咨询、网络资源、信仰/政治信念巩固以及药物治疗等。

“柔性”反恐怖措施能够有效弥补镇压策略的缺陷，但亦存在问题。

第一，成本过于昂贵。一个成功的去极端化项目应该是有针对性的和“量体裁衣”的，即根据不同人出境的动机、境外参与恐怖活动的方式、程度、人身危险性的大小等因素来制定“一对一”的个性化服务。去极端化涉及交叉学科方法，需要政府与市民社会的协调合作，凸显家庭与社区的核心角色，建设一种包容的环境以便于允许和鼓励回流人员融入到普通日常生活。此外，去极端化还需要“善后关爱”措施巩固矫治效果、监督危险分子。促进稳定、减少孤立、提供经济机会以及确保社区不再成为再犯的土壤，是关爱项目的关键。由此可见，“柔性”反恐怖措施的成本必然高昂，且一旦失败会被社会批评“对恐怖分子过于软弱”。

第二，缺乏有效的危险性评估机制。危险性评估是制定科学、合理的去极端化项目的前提。回流人员的危险性程度差异性很大，一些人员主动前往境外参与了“伊斯兰国”的恐怖行动，一些人员则属于被迫出境（例如外国恐怖战斗人员的妻子、孩子与其他家属），一些人员为“伊斯兰国”提供支持和资助，一些人员根本没有实际参与过恐怖暴力活动。针对社会危害性与人身危险性较小者，无需进行起诉和审判。相反，可以对这些人采取更为柔和的去极端化和复归社会项目。否则，他们在监狱内具有较高的感染风险。但是，由于外国恐怖战斗人员的主要行为发生在冲突地带，证明其人格危险性的相关证据极难获取。所以国际司法互助非常重要，但是事实上多数案件皆难取得证据。当然，一些恐怖组织和个人在互联网和社交媒体上公开其犯罪行为的照片和视频，这些可成为证明其犯罪行为的电子证据。

外国恐怖战斗人员之回流构成了当前国际恐怖主义的新特点，也为各国家反恐维安带来了新挑战。“刚性”反恐怖措施与“柔性”反恐怖措施各有利弊，防控回流人员应坚持“刚柔并济”，即在合理区分外国恐怖战斗人员的社会危害性与人身危险性程度的基础上进行科学的分类应对。但是，不应放弃对回流人员的矫治和复归，从而彻底倒向“镇压”的刑事司法模式。更重要的是，国际恐怖主义是国际社会与国家内部的各类矛盾聚合、演变的极端表征。国际反恐合作与社会治理是消灭外国恐怖战斗人员的根本途径。中国在应对恐怖主义问题上一贯秉持着“反对一切形式的恐怖主义”“坚持以联合国为主导的国际反恐合作”以及“标本兼治的反恐怖策略”等基本立场，能够为化解国际恐怖主义与外国恐怖战斗人员难题提供有益借鉴与可行方案。

第二编

上海合作组织框架内的
反恐怖国际合作

第四章　上海合作组织的反恐怖合作

一、上海合作组织的反恐怖合作纵览

（一）反恐怖始终是上海合作组织的中心任务之一

打击恐怖主义、深化区域反恐怖合作始终是上海合作组织安全领域的重中之重。“上海合作组织是最早鲜明提出打击‘三股势力’的国际组织，也是第一个对‘恐怖主义’作出明确界定的多边机构。”① “上海合作组织是第一个把反恐作为重要工作方向的国际组织。”②

首先，上海合作组织是以确保成员国和地区安全与稳定为己任的区域性国际组织。从成立之日起，上海合作组织就把安全合作置于重要位置，奉行安全优先原则。③“安全合作是上海合作组织的核心支柱，也是上海合作组织初创时的核心动力。”④ 上海合作组织是以解决非传统安全问题为重点的区域性国际合作组织，其政治安全合作也主要侧重在非传统安全领域展开，这也是吸引成员国的最重

---

① 邓浩：《上海合作组织安全合作的进程、动力与前景》，《当代世界》2021 年第9期。

② 景晓玉：《上海合作组织政治研究：议题与前沿》，载戚振宏编著：《上海合作组织命运共同体建设：机遇和挑战（2020）》，世界知识出版社 2020 年版，第 166 页。

③ 中国上海合作组织国家研究中心编著：《上海合作组织：回眸与前瞻（2001—2018）》，世界知识出版社 2018 年版，第 29 页。

④ 肖斌：《上海合作组织》，社会科学文献出版社 2019 年版，第 125 页。

要因素和保持上海合作组织生命力的根本所在。[①] 2001 年美国“9·11”恐怖袭击事件发生后，9 月 14 日发布的《上海合作组织成员国政府总理声明》明确指出：“2001 年 9 月 11 日在美国发生了史无前例的恐怖行动，使成千上万无辜的人蒙难，我们对此极其愤慨。我们将此种野蛮行为视为对人类文明基本准则、社会稳定和国家安全及包括生存权在内的基本人权的挑衅。我们向美国人民表示慰问，对悲剧受害者及遇难者亲属表达深切和诚挚的同情。国际恐怖主义已对全人类构成严重威胁。美国的悲惨事件表明，恐怖主义无国界、无道义标准。只有各国联合努力才能消灭这股邪恶势力。上海合作组织成员国在此方面进行着积极的工作。打击恐怖主义、分裂主义和极端主义是我们组织的最重要任务之一。在该组织框架内已经通过了打击恐怖主义、分裂主义和极端主义上海公约，并正采取步骤加快建立联合反恐怖机构。我们准备同所有国家和国际组织密切配合，采取有效措施，为根除恐怖主义带来的全球性危险而进行毫不妥协的斗争。”

其次，共同的安全诉求是凝聚上海合作组织成员国安全合作的内生动力。“恐怖主义犯罪是一种最为极端的犯罪类型，它给人类社会带来了无穷尽的痛苦与灾难，故被称作‘和平时代的战争’。”[②] 20 世纪 90 年代初，俄罗斯和中亚国家深受恐怖主义和极端主义威胁。1994 年和 1996 年，俄罗斯车臣地区两次爆发武装冲突，高加索地区恐怖活动猖獗。1999—2000 年是中亚遭遇暴恐袭击的高峰期，乌兹别克斯坦伊斯兰运动、伊斯兰解放党等恐怖组织和极端组织十分活跃，发动多起重大恐怖袭击，极端主义传播泛滥，对中亚国家构成严峻安全挑战。同时，阿富汗战乱与上海合作组织所在地区形势紧密相关，中亚“三股势力”的泛滥以及跨国犯罪活动大都与阿富汗的战乱和毒品种植、走私有直接的关系。中国亦面临着“三股势力”的严重威

---

① 中国上海合作组织国家研究中心编著：《上海合作组织：回眸与前瞻（2001—2018）》，世界知识出版社 2018 年版，第 30 页。

② 冯卫国、兰迪、苟震：《反恐怖与去极端化前沿问题探究》，中国政法大学出版社 2018 年版，第 110 页。

胁。在这样的背景下，上海合作组织在成立初期就将打击“三股势力”、遏制毒品的生产与走私等视为主要任务。①

最后，打击“三股势力”一直是上海合作组织安全合作的重中之重。2004 年，上海合作组织在乌兹别克斯坦共和国首都塔什干建立了地区反恐怖机构，为上海合作组织打击“三股势力”提供了机制保障。2005 年，上海合作组织开始定期举行“和平使命”联合反恐军演，对“三股势力”形成强大震慑。2009 年、2017 年，上海合作组织元首相继签署《上海合作组织反恐怖主义公约》和《上海合作组织反极端主义公约》，进一步丰富完善了打击“三股势力”的法律体系，标志着上海合作组织反恐合作日益走向深入。② 近年来“伊斯兰国”等恐怖组织在全球各地发动暴恐袭击，阿富汗局势不断恶化，但上海合作组织地区极少发生大的安全事件，上海合作组织安全机制功不可没。③

（二）上海合作组织的反恐怖协调机制

在上海合作组织框架内，促进反恐怖合作的协调机制主要包括：元首理事会会议、安全会议秘书会议、地区反恐怖机构（理事会）、最高法院院长会议、总检察长会议、国防部长会议、总参谋长会议、公安部（内务）部长会议和边防部门领导人会议等。④

元首理事会会议是上海合作组织安全合作的最高决策机构，旨在研究和制定组织安全合作的战略，批准成员国安全合作的重要文件和协议。

安全会议秘书会议是上海合作组织安全合作的协调和磋商机制。2019

---

① 苏畅、李昕玮：《上海合作组织安全合作：成就、挑战与未来深化路径》，《国际问题研究》2021 年第 3 期。

② 邓浩：《上海合作组织安全合作的进程、动力与前景》，《当代世界》2021 年第 9 期。

③ 苏畅：《上海合作组织积极应对地区安全挑战》，载李进峰主编：《上海合作组织发展报告·2019》，社会科学文献出版社 2019 年版，第 145 页。

④ 阳军：《上海合作组织的安全合作》，《俄罗斯学刊》2017 年第 3 期。

年5月在比什凯克举行的安全会议秘书会议上，各方倡议“推动建立单一全球反恐阵线的重要性”和“不得以反恐和反极端主义为借口干涉其他国家内政”，向国际社会展现出新型安全合作范式。[①]

国防部长会议旨在加强成员国在军事领域的合作，应对各种挑战和威胁，确保各国军队之间以及与其他强力部门之间在打击“三股势力”中的实质性协作。国防部长会议主要负责协调各成员国防务部门所承担的任务，商讨联合反恐行动，筹备和组织联合军演，促成签署反恐法律文件。

总参谋长会议旨在加强各成员国在联合军演和反恐等军事项目上的沟通，规划成员国防务合作的具体形式和内容，讨论关涉地区利益的热点问题。

最高法院院长会议主要职能是解决法律争议和落实已经签署的司法文件，促进成员国在安全等领域的经常性司法合作与协调，加强成员国在法院裁判、仲裁裁决承认和执行方面的合作等。例如，2018年5月25日，上海合作组织成员国最高法院院长第十三次会议在北京举行。与会代表围绕“深化上海合作组织框架内司法合作”这一主题，就法院信息化与智慧法院建设，打击暴恐、毒品、洗钱等犯罪涉及的法律适用问题和跨国司法合作等具体议题交流、探讨，并达成共识。会后，各方发表了联合声明。

总检察长会议的主要职责包括加强司法协助，比如涉境外案件的调查取证，缉捕和引渡罪犯，涉案款物移送，发展成员国边境地区检察机关的直接合作机制，培训检察人员等。2016年11月29日至30日，上海合作组织成员国第十四次总检察长会议在中国海南省三亚市举行。各方讨论了总检察院在组织框架下合作打击恐怖主义的作用等问题。重点关注深化和协调成员国检察机关反恐合作，建立有效预防和打击恐怖主义的机制。各方相互通报了本国反恐法律的修订，并就

① 苏畅：《上海合作组织安全合作：新挑战、新内容、新方向》，载李进峰主编：《上海合作组织发展报告·2020》，社会科学文献出版社2020年版，第125页。

预防和打击恐怖主义，防范人员出境参与恐怖主义活动等交流了经验。

公安部（内务）部长会议是警务部门的合作，主要讨论各国公安内务部门的合作，包括打击“三股势力”，跨国犯罪、网络犯罪、毒品走私、加强涉恐情报信息交流、开展人员培训等重要议题。

边防部门领导人会议主要讨论成员国边防部门的双边和多边合作，例如采取共同措施，发现、预防和打击跨国违法犯罪活动，交流边境管理、边防检查和执法办案工作经验等。

（三）上海合作组织的专门反恐怖机构

秘书处在反恐合作方面发挥着基础性作用。如对各国反恐信息进行收集、整理、评估、总结，材料经理事会通过后共成员国交流磋商，制定相关反恐计划以及督促机构决策的执行。[①] 此外，上海合作组织内部最重要的专门反恐怖机构是地区反恐怖机构。

地区反恐怖机构是上海合作组织常设机构，总部设在乌兹别克斯坦首都塔什干，2004 年 6 月正式启动。该机构的主要任务和职能包括：就打击恐怖主义、分裂主义、极端主义与本组织成员国主管机关及国际组织保持工作联系，加强协调；参与准备打击恐怖主义、分裂主义和极端主义问题的国际法律文件草案，与联合国安理会及其反恐委员会、国际和地区组织共同致力于建立应对全球性挑战与威胁的有效反应机制；收集和分析成员国提供的有关打击恐怖主义、分裂主义和极端主义的信息等。其具有独立法人地位，拥有签定协议、开设银行账户、拥有动产和不动产等权力。地区反恐怖机构由理事会和执行委员会组成。理事会由成员国主管机关领导人组成，是反恐机构的决策和领导机关。执行委员会是常设执行机关，执行委员会主任由元首

---

① 王志亮主编：《上海合作组织刑事司法合作研究》，苏州大学出版社 2016 年版，第 199 页。

会议任命，任期 3 年。[①]

地区反恐怖机构理事会由成员国反恐主管机构部门负责人或代表组成，是地区反恐怖机构的协商决策机关。其主要职能有确定地区反恐怖机构的基本任务和职能的实施办法，就包括经费问题在内的所有实质性问题通过具有约束力的决定，向元首理事会提交地区反恐怖机构年度工作报告，向元首理事会推荐执行委员会主任、副主任人选，确定执行委员会主任和副主任的任免程序。[②]

地区反恐执行委员会是执行机构，主要职能包括与各成员国主管机关及从事打击“三股势力”的国际组织保持工作联系和协调行动，参与准备打击“三股势力”的国际法律文件草案，与有关地区和国际组织保持联系，收集分析成员国提供的有关打击“三股势力”的信息并提出意见和建议。[③]

上海合作组织地区反恐怖机构自成立以来，遇到很多重大的突发事件，诸如安集延事件、莫斯科地铁爆炸事件、别斯兰事件、卡巴尔达－巴尔卡尔事件、伏尔加格勒恐怖主义事件等。地区反恐怖机构积极努力推动成员国间的合作，在反恐融资、反恐信息技术、反恐演习、司法管辖权等方面取得了进展。司法管辖权和“犯罪行为”认定问题是上海合作组织安全合作需要突破的关键问题。[④]

数据表明，地区反恐怖主义机构发挥了十分积极的作用：2011 年至 2015 年，在该机构的协调下，上海合作组织成员国政府成功阻止了 20 起酝酿中的恐怖袭击，避免了 650 起具有恐怖主义和极端主义性质的罪行，取缔了 440 个恐怖主义训练营，解散了 1700 个国际恐怖组织成员，逮捕了 2700 多个非法武装团伙成员、同伙以及涉嫌参

① 中国上海合作组织国家研究中心编著：《上海合作组织：回眸与前瞻（2001—2018）》，世界知识出版社 2018 年版，第 21 页。

② 王志亮主编：《上海合作组织刑事司法合作研究》，苏州大学出版社 2016 年版，第 153 页。

③ 王志亮主编：《上海合作组织刑事司法合作研究》，苏州大学出版社 2016 年版，第 153 页。

④ 肖斌：《上海合作组织》，社会科学文献出版社 2019 年版，第 145 页。

与犯罪活动的人员，引渡了213个与恐怖主义或极端组织有关的人员，其中多人被判处长期监禁，另将180个嫌犯列入通缉名单，揭露了600个秘密武器基地，并查获了3250多件简易爆炸装置、1万件枪支、约45万发弹药和约52吨炸药。

（四）上海合作组织的反恐怖工作领域

1. 反恐怖数据库建设

上海合作组织非常重视地区反恐怖机构数据库（提供参与国际恐怖、分裂和其他极端组织活动的人员信息等）的建设，各方主管机关相互提供情报线索，定期交流反恐信息，举行多边反恐研讨会。截至2019年3月，上海合作组织地区反恐怖机构的恐怖分子数据库已有4.5万余人的信息数据。①

2. 打击网络恐怖主义

国际社会对网络恐怖主义的危害日趋重视。网络恐怖主义包括两类，以网络作为工具实施恐怖主义与以网络作为目标实施恐怖主义。②"网络恐怖分子可能远程改变天然气线路中的压力，导致阀门故障，市郊可能发生爆炸或燃烧。同样，电网也变得越来越脆弱。"③当然，以上描述的是恐怖分子利用技术攻击网络的情形。现实中更多发生的则是，恐怖分子或者恐怖组织利用网络进行犯罪勾连谋划、传播极端主义或犯罪方法和煽动他人实施暴力恐怖活动等。

上海合作组织于2006年成立了上海合作组织成员国国际信息安全专家组，旨在促进成员国各方主管机关在应对网络安全问题时进行协调与相互协作。在2013年地区反恐怖机构理事会第23次会议上，与会各方一致同意成立打击网络恐怖主义联合专家小组。该小组由各

---

① 苏畅、李昕玮：《上海合作组织安全合作：成就、挑战与未来深化路径》，《国际问题研究》2021年第3期。

② 朱永彪、任彦：《国际网络恐怖主义研究》，中国社会科学出版社2014年版，第43—53页。

③ ［美］娜克丝著，陈庆、郭刚毅译：《反恐原理》，金城出版社、社会科学文献出版社2015年版，第386页。

国主管网络安全部门的专家组成，在建立行动机制、制定工作计划、通报协查涉网线索等方面取得了重大进展，在打击“三股势力”网上活动层面展开务实合作。2009 年上海合作组织成员国在叶卡捷琳堡峰会上共同签署了《上海合作组织成员国保障国际信息安全政府间合作协定》，在 2012 年制定了《上海合作组织成员国主管机关预防和阻止利用或威胁利用电脑网络进行恐怖主义、分裂主义和极端主义活动的共同措施》。①

3. 阿富汗的和平与安全问题

上海合作组织特别关注保障阿富汗的和平与稳定，以及通过加强“上海合作组织—阿富汗”联络小组的工作，包括实施相关路线图，寻找支持和实施社会经济项目的途径，以振兴阿富汗。“我们有充分的理由认为，上海合作组织的成立，在很大程度上是为了共同应对来自当时阿富汗的威胁。上海合作组织成功地履行了并正在继续履行其保护成员国免受恐怖主义、分裂主义和极端主义侵害的使命。”②

上海合作组织一直关注阿富汗军事，积极推动阿富汗和平和解进程，在历次元首理事会发表的宣言中均涉及阿富汗问题，清晰阐明对阿富汗问题的立场。2005 年 11 月 4 日，上海合作组织秘书长与阿富汗驻华大使在北京签署《关于建立上海合作组织—阿富汗联络组的议定书》，旨在就上海合作组织与阿富汗在共同感兴趣的问题上开展合作，联络组成员包括上海合作组织秘书处官员、成员国驻秘书处代表和阿富汗高级外交官，是上海合作组织与阿富汗合作的一座重要桥梁，多次举行参赞级和副外长级会议。自 2017 年恢复相关工作以来，联络组先后在莫斯科、北京和比什凯克举行了 3 次副外长级会议，重点讨论阿富汗局势、阿富汗和解进程、上海合作组织与阿富汗合作的优先方向等问题，制定下一阶段工作规划。2009 年通过的《上海合

---

① 蒋也好、刘雪迪：《上海合作组织与网络恐怖主义区域治理》，《区域与全球发展》2021 年第 2 期。

② ［乌兹别克斯坦］弗拉基米尔·伊玛莫维奇·诺罗夫著，贝文力译：《上海合作组织：发展的 20 年》，《俄罗斯研究》2021 年第 4 期。

作组织成员国和阿富汗伊斯兰共和国打击恐怖主义、毒品走私和有组织犯罪行动计划》在反恐领域的重点合作方向包括：边防监管；对涉嫌恐怖活动人员进行检查；采取联合行动以应对恐怖威胁；逐步吸收阿富汗参与上海合作组织框架内的地区反恐合作；建立防范和取缔恐怖活动的有效机制；相互协作获取关于威胁成员国和阿富汗安全的恐怖组织的情报；在上海合作组织地区反恐怖机构与阿富汗有关部门间建立专家磋商机制；开展关于恐怖分子及其组织活动的情报交流以及反恐经验交流；上海合作组织成员国和阿富汗相互提供涉恐人员名单；相互协助缉捕和移送恐怖分子；查明并切断恐怖组织的融资来源和渠道；邀请阿富汗相关部门参加成员国执法部门联合演习、研讨会、培训班以及其他反恐行动。[①] 2019 年 6 月 14 日上海合作组织元首第十九次理事会会议通过了《“上海合作组织—阿富汗联络组”下一步行动路线图》决议，继续强化“上海合作组织—阿富汗联络组”的工作。[②]

（五）上海合作组织的反恐怖工作方向

2021 年 9 月 17 日《上海合作组织二十周年杜尚别宣言》进一步明确了上海合作组织打击“三股势力”的立场、原则、策略与措施。

严厉谴责任何形式的恐怖主义，肯定成员国及其主管机关在打击恐怖主义、分裂主义和极端主义问题上发挥的关键作用。

应在落实现有反洗钱和资恐领域国际标准背景下，共同打击恐怖主义及其融资，阻止恐怖主义、分裂主义和极端主义思想传播，认为上海合作组织成员国加入《实现无恐怖主义世界行为准则》具有重要意义。

决不允许以打击恐怖主义和极端主义为借口干涉别国内政，坚决

---

① 刘晓红、倪正茂主编：《上海合作组织重要法律文件选编：2001—2017》，法律出版社 2019 年版，第 297—298 页。

② 苏畅、李昕玮：《上海合作组织安全合作：成就、挑战与未来深化路径》，《国际问题研究》2021 年第 3 期。

反对利用恐怖、极端和激进组织牟取私利。

上海合作组织地区反恐怖机构在合作打击恐怖主义、分裂主义、极端主义，维护地区安全方面发挥着特殊作用，将进一步挖掘主管机关在上述领域合作的潜力。成员国高度重视落实《上海合作组织成员国打击恐怖主义、分裂主义和极端主义2022年至2024年合作纲要》。

根除恐怖主义存在的社会基础，消除贫困、失业、文盲应是全球反恐斗争的重要方向。成员国将加大努力，杜绝在本国境内策划、资助恐怖主义活动以及为恐怖分子提供庇护，深化合作，查明、预防并制止参与恐怖主义、分裂主义和极端主义的组织和个人的活动。

根据联合国安理会第2396号决议和上海合作组织成员国法律，以负责任的态度帮助从恐怖活动活跃地区返回的本国公民重返社会。

成员国将共同抵御极端主义和分裂主义思想蔓延，特别是在青年人中的传播，采取措施预防宗教不宽容、暴力民族主义、种族歧视、排外主义、法西斯主义和沙文主义思想。成员国将一如既往落实《上海合作组织成员国元首致青年共同寄语》实施纲要。

必须共同加大努力，防止和切断恐怖主义、分裂主义和极端主义思想传播。成员国相信，宣扬恐怖主义、分裂主义和极端主义思想，任何对恐怖主义进行新闻宣传以及为其开脱的行为都将为极端情绪蔓延和恐怖组织招募人员创造条件。

成员国将继续举行主管机关联合反恐演习。各方将继续合作查明和阻止利用互联网从事恐怖主义、分裂主义和极端主义活动，并协同做好人员的培训等工作，提升主管机关人员相关能力。

为应对化学和生物恐怖主义的威胁，有必要在日内瓦裁军谈判会议上就制止化学和生物恐怖主义行为的国际公约启动多边谈判。

成员国将继续就边防问题进行有效合作，包括开展联合边防行动，交流有关参与恐怖活动的人员情报，并通过有效的边境管控，对跨国恐怖主义犯罪进行联合调查，以防止外国恐怖分子和恐怖团伙的活动和跨境流动。

二、上海合作组织的反恐怖法制建设

在恐怖主义已成为威胁中亚及其周边地区乃至国际社会安全与稳定的重大隐患的背景下，运用法律武器预防和打击恐怖主义犯罪对当前反恐斗争具有重要意义，反恐法制化已成为应对当前该区域恐怖主义活动常态化的重要举措。①

上海合作组织非常重视反恐怖合作的法制化建设，通过公约、协定、声明和宣言等形式构筑起多边安全合作的法律基础，具体包括：《打击恐怖主义、分裂主义和极端主义上海公约》《上海合作组织宪章》《上海合作组织成员国关于打击地区反恐怖机构的协定》《上海合作组织成员国合作打击恐怖主义、分裂主义和极端主义构想》《关于查明和切断在上海合作组织成员国境内参与恐怖主义、分裂主义和极端主义活动人员渗透渠道的协定》《上海合作组织成员国打击恐怖主义、分裂主义和极端主义 2007 年至 2009 年合作纲要》《上海合作组织长期睦邻友好合作条约》《关于在上海合作组织成员国境内组织和举行联合反恐行动的程序协定》《上海合作组织成员国政府间合作打击非法贩运武器、弹药和爆炸物品的协定》《上海合作组织反恐怖主义公约》《上海合作组织成员国反恐专业人员培训协定》《上海合作组织成员国打击恐怖主义、分裂主义和极端主义 2010 年至 2012 年合作纲要》《上海合作组织成员国政府间合作打击犯罪协定》《上海合作组织成员国打击恐怖主义、分裂主义和极端主义 2013 年至 2015 年合作纲要》《上海合作组织成员国打击恐怖主义、分裂主义和极端主义 2016 年至 2018 年合作纲要》《上海合作组织成员国元首关于共同打击国际恐怖主义的声明》《上海合作组织反极端主义公约》《上海合作组织成员国元首致青年共同寄语》《上海合作组织成员国打击

---

① 张波、李嘉琦：《上海合作组织国际反恐合作法制体系建设初探》，《实事求是》2019 年第 2 期。

恐怖主义、分裂主义和极端主义2019年至2021年合作纲要》《上海合作组织成员国打击恐怖主义、分裂主义和极端主义2022年至2024年合作纲要》与《上海合作组织二十周年杜尚别宣言》等。

本书简要列举上海合作组织框架内形成的代表性反恐怖法律文件。

（一）《打击恐怖主义、分裂主义和极端主义上海公约》

《打击恐怖主义、分裂主义和极端主义上海公约》（2001）是上海合作组织成员国元首签署的第一个重要法律文件，奠定了上海合作组织安全领域尤其是非传统安全领域合作的法律基础。该公约首次提出并从法律上界定了恐怖主义、分裂主义和极端主义定义，明确规定了各主管机构开展协作的内容、范围和方式，以及承担的义务、工作语言、经费承担等。[①]

《打击恐怖主义、分裂主义和极端主义上海公约》是上海合作组织反恐怖法制体系内最核心的公约，为日后的《上海合作组织反恐怖主义公约》和《上海合作组织反极端主义公约》的签署奠定了基础。

例如，该公约第一条明确了基本概念：恐怖主义是指：为本公约附件（以下简称“附件”）所列条约之一所认定并经其定义为犯罪的任何行为；致使平民或武装冲突情况下未积极参与军事行动的任何其他人员死亡或对其造成重大人身伤害、对物质目标造成重大损失的任何其他行为，以及组织、策划、共谋、教唆上述活动的行为，而此类行为因其性质或背景可认定为恐吓居民、破坏公共安全或强制政权机关或国际组织以实施或不实施某种行为，并且是依各方国内法应追究刑事责任的任何行为。分裂主义是指旨在破坏国家领土完整，包括把国家领土的一部分分裂出去或分解国家而使用暴

---

① 中国上海合作组织国家研究中心编著：《上海合作组织：回眸与前瞻（2001—2018）》，世界知识出版社2018年版，第24页。

力，以及策划、准备、共谋和教唆从事上述活动的行为，并且是依据各方国内法应追究刑事责任的任何行为。极端主义是指旨在使用暴力夺取政权、执掌政权或改变国家宪法体制，通过暴力手段侵犯公共安全，包括为达到上述目的组织或参加非法武装团伙，并且依各方国内法应追究刑事责任的任何行为。

又如，该公约第六条规定了各方中央主管机关的反恐怖合作的具体内容：各方中央主管机关根据本公约进行下列合作并相互提供协助：交流信息；执行关于进行快速侦查行动的请求；制定并采取协商一致的措施，以预防、查明和惩治本公约第一条第一款所指行为，并相互通报实施上述行动的结果；采取措施预防、查明和惩治在本国领土上针对其他各方实施的本公约第一条第一款所指行为；采取措施预防、查明和阻止向任何人员和组织提供用于实施本公约第一条第一款所指行为的资金、武器、弹药和其他协助；采取措施预防、查明、组织、禁止并取缔训练从事本公约第一条第一款所指行为人员的活动；交换法律法规及其实施情况的材料；就预防、查明和惩治本公约第一条第一款所指行为交流经验；通过各种形式，培训、再培训各自专家并提高其专业素质；经各方相互协商，就其他合作形式达成协议，包括必要时，在惩治本公约第一条第一款所指行为及消除其后果方面提供实际帮助。如就此达成协议，缔结相应的议定书，该议定书构成本公约不可分割的一部分。

（二）《上海合作组织宪章》

《上海合作组织宪章》（2002）在第一条“宗旨和任务”中规定上海合作组织应致力于“共同打击一切形式的恐怖主义、分裂主义和极端主义，打击非法贩卖毒品、武器和其他跨国犯罪活动，以及非法移民”；在第三条“合作方向”中指出各成员国应“研究并采取措施，共同打击恐怖主义、分裂主义和极端主义”。

（三）《上海合作组织成员国长期睦邻友好合作条约》

《上海合作组织成员国长期睦邻友好合作条约》（2007）第八条规定：缔约各方根据本国法律，在遵守公认的国际法原则和规则以及所参加的国际条约的基础上，在打击恐怖主义、分裂主义和极端主义，非法贩运麻醉毒品、精神药物及其前体，非法贩运武器，非法移民，以及其他跨国犯罪活动方面积极开展合作；缔约各方根据本国法律，在遵守所参加的国际条约的基础上，加强在通缉、羁押、引渡和移交从事恐怖主义、分裂主义和极端主义活动，以及其他犯罪活动的嫌疑人、被告人或罪犯方面的协作。

（四）《上海合作组织成员国政府间合作打击非法贩运武器、弹药和爆炸物品的协定》

《上海合作组织成员国政府间合作打击非法贩运武器、弹药和爆炸物品的协定》（2008）第三条指出：各方在下列方向开展合作：完善各方打击非法贩运武器合作的法律基础及协调各方国内立法；分析非法贩运武器有关犯罪的现状和动态，以及打击结果；制定协同一致的打击非法贩运武器的战略和联合行动措施；协调和完善各方主管机关在打击非法贩运武器领域里的协作机制；参加打击非法贩运武器的国际组织和国际会议时协同立场。第四条规定各方主管机关以下列主要形式开展合作：交换下列情报：准备实施或已实施非法贩运武器的犯罪及其参与人员和组织；非法制造武器、弹药和爆炸物品的地点；已查明的为提高武器和弹药杀伤性而进行非法改造的新方法；已查明的有助于在贩运武器领域实施犯罪的违法行为；预防、查明、揭露、制止非法贩运武器犯罪的新方法；其他共同关心的情报。向上海合作组织地区反恐怖机构保密资料库提供有关实施恐怖犯罪中使用的武器、弹药和爆炸物品的信息。执行有关开展侦查行动的请求。规划实施协调一致的侦查行动和预防措施。

交流工作经验、举行工作会晤、磋商、会议、经验交流会和研讨会。协助培训干部，提高其业务素质。就共同关心的问题开展联合科学研究。交流法律、法规、科研成果和业务建议。

（五）《上海合作组织反恐怖主义公约》

《上海合作组织反恐怖主义公约》（2009）的主要内容包括：公约宗旨、概念术语（如恐怖主义、恐怖主义行为和恐怖主义组织）、适用范围、基本原则、司法管辖权、反恐合作、反恐策略、打击恐怖融资、反恐刑事立法、法人犯罪、司法协助等内容。

例如，该公约区分了“恐怖主义”与“恐怖主义行为”。“恐怖主义”指通过实施或威胁实施暴力和（或）其他犯罪活动，危害国家、社会与个人利益，影响政权机关或国际组织决策，使人们产生恐惧的暴力意识形态和实践。“恐怖主义行为”指为影响政权机关或国际组织决策，实施政治、宗教、意识形态及其他目的而实施的恐吓居民、危害人员生命和健康，造成巨大财产损失或生态灾难及其他严重后果等行为，以及为上述目的而威胁实施上述活动的行为。

公约将“恐怖主义组织”定义为：为实施本公约所涵盖的犯罪而成立的和（或）实施本公约所涵盖的犯罪的犯罪团伙、非法武装、匪帮和黑社会组织；以其名义、按其指示或为其利益策划、组织、准备和实施本公约所涵盖的犯罪的法人。

公约确立了一系列反恐怖策略和措施。一是反恐怖策略。为防止出现紧张形势而引发本公约所涵盖的犯罪，各方鼓励不同宗教和不同文化之间开展对话，必要时吸收非政府组织和其他社会团体参与，但必须遵守本国法律。二是反恐怖措施。各方按照本国法律体系的基本原则，制定和实施反对恐怖主义的国内措施。这些措施可以包括：定期评估反对恐怖主义的法律文件及实际措施的有效性；与有关国际和地区组织合作制定并实施反对恐怖主义的措施，包括举行打击恐怖主义行为的演习；设立机构，协调各方有关机关反对恐怖主义的行动；提高反对恐怖主义执法及其他机关人员的职业素质，并为其提供必要的财政、物资和其他保障；对协助国家机关反对本公约所涵盖的犯罪、查明预备或实施本公约所涵盖的犯罪的人员给与奖励；通过立法规定，实行防范恐怖主义行为的限制措施；完善对自然人及设施的保护，包括提高执法机关及相关法人的合作效率，制定和推行旨在加强保护自然人和设施的标准；对受害者、证人等刑事诉讼参与人以及必要情况下的其他涉及反恐的人员进行保护；制定并采用认定自然人和法人参与实施本公约所涵盖犯罪的标准；保障法人有足够能力协助国家防范和查明在其设施内准备或实施本公约所涵盖的犯罪；推动非政府组织、团体和个人参与反对恐怖主义，在全社会营造反对恐怖主义的氛围；向公众宣传恐怖主义的危险、负面影响以及实施本公约所涵盖的犯罪应承担的责任；为公民提供保障，使其可以通过匿名等方式向国家机关报告任何涉嫌本公约所涵盖犯罪的情况。

（六）《上海合作组织成员国政府间合作打击犯罪协定》

《上海合作组织成员国政府间合作打击犯罪协定》（2010）第一条“合作范围”规定：各方在预防、制止、发现、侦破下列犯罪，包括有组织犯罪方面开展合作：侵犯个人生命、健康、自由、荣誉和尊严的犯罪；恐怖主义、分裂主义、极端主义活动；侵财犯罪；腐败犯罪；经济犯罪，包括洗钱和恐怖融资；制造和销售假币、文件、有价证券以及贷记卡、信用卡和其他支付凭证；侵犯知识产权犯罪；贩卖人口，特别是妇女和儿童；非法制造、贩运和销售武器、弹药、爆炸物、爆炸装置、毒害性和放射性物质以及核材料等危险物质；非法制造和贩运麻醉药品、精神药物及易制毒化学品；走私；交通工具上的犯罪；信息技术领域犯罪；非法移民犯罪；其他领域犯罪。

根据该协定，成员国打击犯罪的合作方式包括：交换有关本协定第一条所列举的犯罪活动及其参与人员的情报信息，包括交换各方国家公民在其他各方国家境内犯罪或受到非法侵害的情报信息；查找犯罪嫌疑人、逃犯及失踪人员；执行有关采取侦查措施的请求；确认无名尸体及因健康或年龄原因无法说清自己身份的人员的身份；交换法律、法规文本；交流工作经验，包括举行会议和研讨会；在执法官员培训和进修方面提供协助；交换科技书籍和信息。

（七）《上海合作组织成员国边防合作协定》

2015 年 7 月 10 日签订的《上海合作组织成员国边防合作协定》的主要内容包括：

第一，合作目的。第三条规定，各方出于共同利益考虑，根据公认的国际法原则、准则和本国法律法规开展合作，目的是：确保各方边境地区安全；提升各国主管机关在保卫国界领域的能力；协调各方主管机关努力在边境地区预防、发现和制止违法行为；打击边境地区恐怖主义、极端主义和分裂主义，非法贩运武器、弹药、爆炸物和有毒物品及放射性材料，走私麻醉药品、精神药品及前体，以及非法移民和其他跨国犯罪活动；加强各方边防合作条约法律基础。

第二，合作方向。具体包括：计划和实施联合边防行动；情报交流；根据国际协定开展主管机关干部转业培训和进修；各方主管机关共同感兴趣且与各方国内法不抵触的其他活动。

第三，合作形式。具体包括：各方主管机关在本国边境地区采取经各方商定的行动；交流边境地区形势，包括准备或者已实施的破坏国界管理制度以及边境地区其他违法犯罪活动的情报信息；交流有关维护国界管理制度、边境地区管理制度以及口岸管理制度的经验；交流各方法律法规、出入各方国境的证件式样以及应对边境地区威胁的方法；举行会见、会议、研讨会及其他工作会晤。

（八）《上海合作组织成员国元首关于共同打击国际恐怖主义的声明》

2017 年 6 月 9 日发布的《上海合作组织成员国元首关于共同打击

国际恐怖主义的声明》指出：“强烈谴责一切形式和表现的恐怖主义，并强调打击国际恐怖主义、开展国际反恐合作应发挥联合国及其安理会的核心协调作用，严格遵循《联合国宪章》宗旨和原则，恪守国际法准则。呼吁所有国家全面执行联合国大会及安理会相关决议和《联合国全球反恐战略》。为在法制基础上有效打击国际恐怖主义，重申，禁止破坏国家主权、平等和领土完整原则，禁止干涉内政，绝不允许利用恐怖主义和极端主义团伙实现政治和地缘政治目的。将共同打击上海合作组织任一成员国认定的各类恐怖和极端组织和团伙。我们强调进一步加强国际反恐合作的重要性，并号召国际社会联合起来，在广泛的国际反恐联盟中共同打击破坏各国以及包括上海合作组织地区在内的各个地区稳定并导致局势紧张的全球恐怖主义。我们支持举行叙利亚问题阿斯塔纳对话会，作为日内瓦和谈进程重要补充，鼓励国际社会广泛参与。我们希望在阿斯塔纳进程中达成的共识，根据联合国安理会 2015 年通过的第 2254 号决议，为在联合国主导的日内瓦进程框架内政治解决叙利亚危机注入积极动力。我们强调，应采取综合措施打击恐怖主义和极端主义思想传播，包括预防和阻止利用互联网等宣传、煽动恐怖主义和极端主义以及开展招募活动。对以外国武装恐怖分子身份参加国际恐怖组织活动并返回上海合作组织成员国境内的人员采取联合打击措施十分重要。我们认为，应禁止通过包括政治家和官员发表声明等方式为恐怖主义公开辩解、煽动实施恐怖袭击，同时呼吁加强在该领域的国际合作。我们声明，具有某种宗教信仰的人员或团体所实施的恐怖活动，任何时候都不能成为对该宗教其他信众仇视进行辩解的理由。我们坚决不接受将恐怖主义与任何宗教混为一谈，并坚决谴责所有针对基督教、伊斯兰教和其他宗教信众的不容忍、歧视和暴力行为。我们意识到，国家及其主管机关在打击恐怖主义和极端主义以及该领域国际合作中发挥决定性作用，同时坚信，为有效应对恐怖主义和极端主义威胁，加强公民对极端思想的抵抗力，必须发挥上海合作组织成员国社会团体、大众传媒、宗教团体、教育和科学机构的潜力。我们相信，如果不能按照联合国大会及安理会相关决议和国际反洗钱金融行动特别工作组标准要求，切实切断融资来源，就不能有效打击恐怖主义。我们认为，进一步发展上海合作组织地区反恐怖机构框架内的合作并拓展各国在政治层面、特勤部门以及各部委之间打击恐怖主义领域的务实合作，将促进上海合作组织成员国境内的稳定。我们重申在其他多边机制框架内和通过双边渠道开展合作以有效打击国际恐怖主义的共同决心。”

（九）《上海合作组织反极端主义公约》

《上海合作组织反极端主义公约》签订于 2017 年 6 月 9 日，主要内容如下：

第一，基本概念。一是极端主义：使用暴力和其他违法活动作为解决政治、社会、种族、民族和宗教冲突的主要手段的意识形态和实际活动。二是极端主义行为：2001 年 6 月 15 日《打击恐怖主义分裂主义和极端主义上海公约》第一条第一款第三项中规定的违法犯罪行为；组织和参加以极端主义为目的的武装暴乱；组织、领导和参加极端主义组织；煽动政治、社会、种族、民族和宗教仇恨与纷争；宣扬因政治、社会、种族、民族和宗教属性而使人具有特殊性、优越性或卑微性；公开煽动实施上述活动；以宣扬极端主义为目的，大量制作、持有和传播极端主义材料。三是资助极端主义：有预谋地提供和（或）募集资产或提供金融服务，用于资助组织、预备或从事本公约所涵盖的任何违法犯罪活动，或者保障极端主义组织活动。四是极端主义材料：用于传播极端主义思想或者煽动实施极端主义行为、为极端主义行为开脱罪责的任何信息载体。五是极端主义组织：以实施本公约所涵盖的违法犯罪活动为目的而成立的有组织团伙；因从事极端主义活动，依据各方国内法律依法取缔和（或）禁止活动的社会或宗教团体或其他组织。六是反极端主义：各方保卫公民权利和自由、宪法体制、领土完整、国家安全免受极端主义危害的活动，预防、查明和阻止极端主义并消除影响，以及查明和确定其产生的原因和条件以及助推其实施的活动。

第二，反极端主义策略与措施。一是反极端主义策略。为防止本公约所涵盖的违法犯罪活动，各方鼓励不同宗教和不同文化之间开展对话，必要时吸收非政府组织和其他社会团体参与，但必须遵守所在国的法律。二是反极端主义措施。各方按照本国法律体系的基本原则，制定和实施反极端主义国内措施。这些措施可以包括：完善反极端主义立法，定期评估反极端主义法律文件及措施的有效性；确立专门机构，协调有关部门开展反极端主义工作；开展各方边防合作，防止国际极端主义组织成员进入上海合作组织成员国境内；与有关国际和地区组织合作制定并实施反极端主义措施；利用大众传媒和互联网，开展反极端主义宣传工作，并针对极端主义思想传播开展反制工作；监督媒体和互联网，及时发现并阻断极端主义思想传播；限制访问信息网络包括互联网上的极端主义材料；加强文化传统、精神、道德与爱国主义教育，使公民自觉抵制极端主义；提高反极端主义主管机关及其他机关人员的职业素质，并提供必要的财政、物资和其他保障；开展反极端主义研究，包括利用各方参加的国际平台；保护受害者、证人等刑事诉讼参与人，并视情保护其他协助主管机关防范打击本公约所涵盖的极端主义犯罪的人员。

（十）《上海合作组织成员国元首理事会关于打击利用互联网等渠道传播恐怖主义、分裂主义和极端主义思想的声明》

2020 年 11 月 10 日发布的《上海合作组织成员国元首理事会关于打击利用互联网等渠道传播恐怖主义、分裂主义和极端主义思想的声明》包括以下 11 个方面的内容：

对国际恐怖主义风险的评估。上海合作组织成员国领导人对恐怖组织加剧威胁世界和平与安全以及国际恐怖组织“伊斯兰国”主要力量在叙利亚、伊拉克溃败后恐怖团伙在上海合作组织地区更加活跃导致风险增加表示关切。

优先任务确认。上海合作组织的优先任务是进一步加强合作，有效打击恐怖主义，包括根据联合国安理会相关决议打击恐怖分子跨国流动，分裂主义和极端主义及跨国有组织犯罪、其他跨国威胁，包括将互联网用于上述目的。

基本立场。强烈谴责任何表现形式的恐怖主义，呼吁联合国会员国、国际和地区组织团结在统一的国际反恐阵线下，在恪守国际法、《联合国宪章》及联合国安理会相关决议基础上，合力打击国际恐怖主义，包括外国恐怖作战分子和上海合作组织地区恐怖团伙，以及被联合国安理会列名的恐怖团伙。

反极端主义合作。《上海合作组织反极端主义公约》已于2019年生效，重申采取共同立场打击恐怖主义和极端主义具有重要意义，各方将制定共同措施加强该领域务实合作。

反恐怖融资。在落实现有反洗钱和资恐领域国际标准背景下，有必要加强合作，打击恐怖主义及其融资，包括阻止恐怖主义、分裂主义和极端主义思想传播。呼吁上海合作组织成员国研究加入《实现无恐怖主义世界行为准则》。

反激进化。传播恐怖主义、分裂主义和极端主义思想，以及任何为恐怖主义提供信息支持或为其开脱，都将为易受影响群体和个人思想激进化及恐怖组织招募新追随者创造条件。

同联合国的协作。打击恐怖主义、分裂主义和极端主义的国际倡议应当秉持平衡、全面的立场，兼顾各国经验和国情，应全面落实联合国安理会反恐决议和《联合国全球反恐战略》，呼吁就通过《联合国全面反恐公约》达成一致。

国际法治原则。有效打击恐怖主义、分裂主义和极端主义是各国及其主管机关的重要职责，根据国际法基本准则和原则，共同打击恐怖主义、分裂主义和极端主义思想传播，组织有效防范和反宣传活动。

尊重国家主权原则。同公民团体开展打击恐怖主义、分裂主义和极端主义合作需获得各国政府和主管机关的同意。

反对反恐“工具化”“政治化”。不允许各国利用恐怖、分裂和极端团伙及其支持者实现特定政治和地缘政治目的。

严惩和防范网络恐怖主义。坚决反对公开宣传和教唆恐怖主义、分裂主义和极端主义，支持各国在打击利用互联网等渠道传播恐怖主义思想方面发挥中心作用。为此，呼吁有序履行联合国安理会第1624号和2354号决议；对频繁出现的利用互联网教唆恐怖主义、分裂主义和极端主义，并在青年等易受影响群体中传播恐怖主义、分裂主义和极端主义性质的非法信息表示严重关切；开展打击恐怖主义、分裂主义和极端主义思想传播合作的重要方向之一是形成揭批恐怖主义、分裂主义和极端主义的共同立场；加强打击利用互联网传播恐怖主义思想十分必要，应重视发挥各国及其主管机关的主导作用和公民团体的自愿参与，支持建设和平、负责、安全的网络环境，完全隔绝恐怖主义、分裂主义和极端主义思想；在上海合作组织地区反恐怖机构框架内，就查明利用互联网宣传恐怖、分裂和极端活动交换信息十分重要。应支持成员国主管机关深化该领域合作；只有通过伙伴合作，国际社会才能有效打击恐怖主义、分裂主义和极端主义及利用信息技术传播上述思想。愿同所有相关国家和国际组织扩大对话和协作。

三、上海合作组织的反恐怖军事演习

（一）上海合作组织的联合演习

上海合作组织的联合演习旨在应对各国共同面临的非传统安全威胁。联合演习主要包括国防部门的联合军事演习、边防部门的反恐演习、内务部门的网络安全演习、紧急情况部门的“救援协作”救灾演习等四种。①

1. 联合军事演习

联合反恐军演是上海合作组织安全合作的亮点。“和平使命”系

① 阳军：《上海合作组织的安全合作》，《俄罗斯学刊》2017年第3期。

列军事演习更是上海合作组织反恐合作的重头戏，也是展示成员国反恐协同能力的舞台。2008 年 8 月，各成员国元首共同签署了《上海合作组织成员国关于联合反恐演习的程序协定》，进一步规范了联合反恐演习的程序，为执法安全部门联合反恐演习机制化建设提供了法律保障。① 上海合作组织框架内的联合反恐军事演习旨在加强安全合作、维护地区稳定，具有重要的政治意义和实际意义。政治意义在于，演习可以对恐怖主义产生威慑效应，体现出成员国强大的反恐决心和信心，同时也推动成员国之间的政治与安全合作，提高上海合作组织的国际威望。实际意义在于，增强成员国执法安全部门反恐合作能力，促进成员国间的信息交流，共同探索打击“三股势力”的方法，同时也有益于中亚成员国提高自身的防卫能力。②

2. 边防反恐演习

内务执法部门的联合演习自 2006 年起每年都举行，比如“伊塞克湖反恐 2007”联合反恐演习，俄、哈、塔、乌四国举行的“伏尔加格勒反恐 2008”联合反恐演习，塔、哈、吉三国举行的“诺拉克反恐 2009”联合反恐演习，俄罗斯举行的“萨拉托夫反恐 2010”联合反恐演习和“卡兹古尔特反恐 2013”联合反恐演习等。另外，成员国边防部门举行“天山”系列反恐演习、“边防联合决心－2013”中吉联合反恐演习、中俄联合边防行动等，演练成员国的执法安全部门在打击恐怖活动中的联合行动与协同配合，以期在边境发生大规模恐怖活动时，各国能够协调配合，灵活应对。③

3. 网络安全演习

为增强成员国互信和提升网络反恐领域的合作水平，上海合作组织从 2015 年起定期在福建厦门举行网络反恐联合演习。“厦门－

① 苏畅：《上海合作组织安全合作 20 年：中国力量贡献》，载徐步主编：《上海合作组织 20 年：成就和经验》，世界知识出版社 2021 年版，第 166 页。

② 苏畅、李昕玮：《上海合作组织安全合作：成就、挑战与未来深化路径》，《国际问题研究》2021 年第 3 期。

③ 阳军：《上海合作组织的安全合作》，《俄罗斯学刊》2017 年第 3 期。

2015”“厦门－2017”演习的模拟设计是某国际恐怖组织在上海合作组织各成员国的网站、论坛和社交网络中发布“三股势力”信息，意图招募成员并实施暴力恐怖活动。上海合作组织地区反恐怖机构执委会根据掌握的情况启动了联合网络反恐行动，协调各国主管机关发现网上恐怖煽动信息，按照各国法律规定和流程处置恐怖信息，依法打击潜伏在各成员国境内的恐怖信息发布者。“厦门－2019”演习是从信息发现到定位摧毁恐怖组织的全流程演习，采取模拟实战和推演结合的方式，统一协调各成员国对网上线索进行落地调查，查明恐怖组织架构、招募成员资金渠道、成员身份和藏匿地点后，对潜伏在各国的秘密分支成员组织开展集中抓捕行动，摧毁该组织并铲除网络恐怖威胁。①

4. 联合救灾演习

联合救灾演习是落实和检验《上海合作组织成员国政府间紧急救灾互助协定》及其议定书的一项具体举措。演练项目通常涉及建筑废墟人员搜救、交通事故救援、石油化工火灾扑救、高层建筑火灾扑救、危险化工火灾扑救、高层建筑火灾扑救、隧道火灾扑救、危险化学品泄露处置、高空救援、水域救援、救援物资定点空投、医疗急救等十余个科目。2015 年 6 月 2 日，上海合作组织成员国在哈萨克斯坦阿拉木图州的“岩石城－阿斯坦纳”训练场举行联合救灾演练，来自中、俄、哈、吉、塔等五国的救援人员相互交流强震后的救援方法，演练救援时的上下级指挥程序等内容。②

（二）上海合作组织的反恐怖军事演习

上海合作组织框架内的反恐怖联合军事演习主要包括：③

---

① 蒋也好、刘雪迪：《上海合作组织与网络恐怖主义区域治理》，《区域与全球发展》2021 年第 2 期。

② 阳军：《上海合作组织的安全合作》，《俄罗斯学刊》2017 年第 3 期。

③ 中国上海合作组织国家研究中心编著：《上海合作组织：回眸与前瞻（2001—2018）》，世界知识出版社 2018 年版，第 226—273 页；肖斌：《上海合作组织》，社会科学文献出版社 2019 年版，第 160 页。

2002 年 10 月 10 日至 11 日，中国与吉尔吉斯斯坦在中吉边界举行联合反恐军事演习。这是中国军队第一次与外国军队联合举行的演习，也是在上海合作组织框架内中吉两国首次举行的双边联合军事演习。

2003 年 8 月 6 日至 12 日，上海合作组织成员国哈萨克斯坦、中国、吉尔吉斯、俄罗斯、塔吉克斯坦五国举行了首次多边联合反恐军事演习——“联合 -2003”，在哈萨克斯坦东部乌恰拉尔市和中国新疆伊犁地区分两个阶段进行，约 1300 人参加。

2005 年 8 月 18 日至 25 日，中俄两国举行代号“和平使命 -2005”的首次联合军事演习。中俄双方派出陆、海、空军和空降兵、海军陆战队，以及保障部（分）队参加演习，演习包括战略磋商、战役筹划和实施交战三个阶段，共近万人参加，演习内容为海上封锁作战、两栖登陆作战和强制隔离作战。

2006 年 9 月 22 日至 23 日，中国与塔吉克斯坦在塔吉克斯坦哈特隆州举行代号为“协作 -2006”的首次联合反恐军事演习。

2007 年 8 月 9 日至 17 日，上海合作组织成员国举行“和平使命 -2007”联合反恐军事演习。演习在中国新疆乌鲁木齐和俄罗斯车里雅宾斯克举行，演习内容包括联合侦查、夺控要点、分区清缴、机动打援、立体追歼。

2009 年 7 月 22 日至 26 日，“和平使命 -2009”中俄联合反恐军事演习在俄罗斯哈巴罗夫斯克市和中国东北沈阳军区洮南战术训练基地举行，演习内容包括联合封控、立体突破、机动歼敌和纵深围剿。

2010 年 9 月 24 日，“和平使命 -2010”上海合作组织联合反恐军事演习在哈萨克斯坦马特布拉克诸兵种合成训练中心举行。演习共动用兵力 6000 人，武器装备 1500 余件。成员国国防部门领导人现场观摩了演习。演习内容包括军事反恐作战的指挥、协同、保障和行动方法。

2012 年 6 月 8 日至 14 日，“和平使命 -2012”，参加者包括中国、哈萨克斯坦、吉尔吉斯斯坦、俄罗斯和塔吉克斯坦，演习内容包括空地立体打击、联合围歼清缴、纵深突入追歼和垂直截击残敌。

2014 年 8 月 24 日至 29 日，上海合作组织成员国“和平使命－2014”联合反恐军事演习在中国朱日和训练基地正式举行。俄罗斯、中国、哈萨克斯坦、塔吉克斯坦和吉尔吉斯斯坦共 7000 余名军人参加演习。演习内容包括山地作战和城市反恐两个训练场的实兵联合战术协同和多兵种陆空一体联合军事行动。

2016 年 9 月 15 日开启“和平使命－2016”，参加者包括包括中国、哈萨克斯坦、吉尔吉斯斯坦、俄罗斯和塔吉克斯坦。这是上海合作组织在吉尔吉斯斯坦境内举行的首次军演。演习以“山地联合反恐怖行动”为主要样式，围绕联合指挥决策和联合实兵行动两个阶段实施，动用战斗机、直升机以及坦克、步战车、自行火炮等各型武器装备 200 余台。

2018 年 8 月 29 日“和平使命－2018”，参加者包括中国、俄罗斯、哈萨克斯坦、塔吉克斯坦、吉尔吉斯斯坦、印度和巴基斯坦，乌兹别克斯坦派观察员出席，主要内容包括以山地联合反恐怖行动为主，结合俄罗斯在叙利亚反恐行动中的实战经验，检验参演各国联合筹划、联合指挥、联合打击、联合保障水平。

2021 年 9 月 20 日至 9 月 24 日，来自上海合作组织 8 个成员国的 5. 5 万多名军人和数千件作战装备参加了“和平使命－2021”上海合作组织联合反恐军演，在在俄罗斯奥伦堡州“东古兹”靶场举行。上海合作组织成员国联合部队共同完成了反恐行动筹备并实施任务。航空领域，米－8 直升机、苏－24MP 侦察机、SU－34 战斗轰炸机和伊尔－76 军用运输机参加军演。9 月 23 日，上海合作组织反恐演习进入活跃阶段。军演的主要目标是提高反恐行动筹备并实施过程中指挥控制机构的协调能力，交流反恐经验，掌握基本战术手段。

四、上海合作组织的反极端主义措施

（一）上海合作组织的反极端主义法制建设

极端主义是恐怖主义的思想根源。故而，上海合作组织加强共同努力，遏制社会激进化，避免包括恐怖主义在内的最恶劣形式的极端主义，尤其是青年人中的极端主义。

为了应对极端主义，上海合作组织成员国元首在2017年6月阿斯塔纳峰会上签署了《上海合作组织反极端主义公约》，这是世界上第一份政府间反极端主义的国际公约。《上海合作组织反极端主义公约》的基本内容包括：

1．公约背景与基本立场

高度关切滋生恐怖主义的极端主义日益猖獗，威胁和平与安全、国家领土完整、国与国之间友好关系发展以及人的基本权利和自由保障；强烈谴责一切形式的极端主义意识形态和活动，坚决反对公开宣扬和教唆参与极端主义；承认本公约所涵盖的违法犯罪活动，不论在任何情况下实施，均无正当性可言，对实施和（或者）参与实施这些违法犯罪活动者应当追究其责任；考虑到极端主义行为规模和性质发生的变化对公民及成员国和国际社会构成的危险性，以及加强该领域合作的重要性。

2．制订依据

遵循《联合国宪章》及2002年6月7日签署的《上海合作组织宪章》的宗旨和原则；完善2001年6月15日签署的《打击恐怖主义、分裂主义和极端主义上海公约》、2005年7月5日签署的《上海合作组织成员国合作打击恐怖主义、分裂主义和极端主义构想》《联合国全球反恐战略》、联合国大会及安理会相关反恐决议以及国际反恐公约和协定的有关规定。

3．基本原则

在采取一切措施预防和打击极端主义时，应遵守法律至上、人的基本权利和自由以及国际法准则；特别强调尊重国家主权与平等，防止滋生恐怖主义的极端主义成为实现政治或地缘政治目的的工具；在反极端主义及相关国际合作中，国家及其主管机关发挥决定性作用；只有在伙伴合作框架下共同努力，国际社会才能有效预防和打击极端主义，尤其是其危险的表现形式。

4. 公约目标

提高各方反极端主义合作的效率。

5. 基本概念

极端主义：指将使用暴力和其他违法活动作为解决政治、社会、种族、民族和宗教冲突的主要手段的意识形态和实际活动。

极端主义行为：2001 年 6 月 15 日《打击恐怖主义分裂主义和极端主义上海公约》第一条第一款第三项中规定的违法犯罪行为；组织和参加以极端主义为目的的武装暴乱；组织、领导和参加极端主义组织；煽动政治、社会、种族、民族和宗教仇恨与纷争；宣扬因政治、社会、种族、民族和宗教属性而使人具有特殊性、优越性或卑微性；公开煽动实施上述活动；以宣扬极端主义为目的，大量制作、持有和传播极端主义材料。

资助极端主义：有预谋地提供和（或）募集资产或提供金融服务，用于资助组织、预备或从事本公约所涵盖的任何违法犯罪活动，或者保障极端主义组织活动。

极端主义材料：用于传播极端主义思想或者煽动实施极端主义行为、为极端主义行为开脱罪责的任何信息载体。

极端主义组织：以实施本公约所涵盖的违法犯罪活动为目的而成立的有组织团伙；因从事极端主义活动，依据各方国内法律依法取缔和（或）禁止活动的社会或宗教团体或其他组织。

反极端主义：各方保卫公民权力和自由、宪法体制、领土完整、国家安全免受极端主义危害的活动，预防、查明和阻止极端主义并消除其影响，以及查明和确定其产生的原因和条件以及助推其实施的活动。

6. 基本策略

鼓励对话、公共参与和法治原则。为防止本公约所涵盖的违法犯罪活动，各方鼓励不同宗教和不同文化之间开展对话，必要时吸收非政府组织和其他社会团体参与，但必须遵守所在国的法律。

7. 主要措施

公约第七条指出：各方按照本国法律体系的基本原则，制定和实施反极端主义国内措施。这些措施可以包括：完善反极端主义立法，定期评估反极端主义法律文件及措施的有效性；确立专门机构，协调有关部门开展反极端主义工作；开展各方边防合作，防止国际极端主义组织成员进入上海合作组织成员国境内；与有关国际和地区组织合作制定并实施反极端主义措施；利用大众传媒和互联网，开展反极端主义宣传工作，并针对极端主义思想传播开展反制工作；监督媒体和互联网，及时发现并阻断极端主义思想传播；限制访问信息网络包括互联网上的极端主义材料；加强文化传统、精神、道德与爱国主义教育，使公民自觉抵制极端主义；提高反极端主义主管机关及其他机关人员的职业素质，并提供必要的财政、物资和其他保障；开展反极端主义研究，包括利用各方参加的国际平台；保护受害者、证人等刑事诉讼参与人，并视情保护其他协助主管机关防范打击本公约所涵盖的极端主义犯罪的人员。

（二）上海合作组织预防青少年极端化策略

在应对极端主义问题上，上海合作组织格外关注青少年极端化的预防和治理。

1. 青少年极端化的事实表征

当前世界极端主义思潮泛滥，青少年极端化显著，恐怖分子低龄化问题突出。以“基地”组织和“伊斯兰国”为首的国际暴恐势力，大量借助网络与高新科技，依托新媒体、自媒体平台，向全球散布宗教极端主义思想，煽动青少年跨境参与恐怖活动、接受恐怖训练，或鼓动他们就地“圣战”。

除恐怖主义头目与高层人员外，恐怖活动的实施者、积极参加者与恐怖组织的骨干成员的年龄普遍较低。"'典型'的恐怖分子的年龄在22岁至24岁之间。"① 20世纪活跃在西欧地区的极左恐怖分子多为20岁左右的大学生。例如，德国第一代"红军派"成员的平均年龄在22岁至23岁之间，第二代则在28岁至30岁之间。"20世纪，拉美、欧洲与亚洲的恐怖组织的成员年龄常年维持在22岁至25岁之间，但这一趋势在21世纪以来被逐渐打破，恐怖分子的年龄越来越小，被抓获的部分恐怖分子甚至只有12岁。"② "9·11"事件后，英国宗教极端型恐怖分子第一次实施恐怖活动的平均年龄为25.9岁。中东地区的恐怖组织经常会招募14岁或15岁的儿童。他们被用来实施危险的自杀式恐怖袭击，部分原因是这些孩子们年纪太小不会质疑任务。特别是那些流浪街头的孩子最容易受到宗教极端势力的操作，或者被哄骗，或者被胁迫参加"圣战"。

个体的极端化一方面是恐怖组织和极端势力运用战略、战术从事招募、煽动的结果，另一方面与极端化对象的某些"脆弱"特征有关。例如，犯罪前科，缺乏稳定的价值或规则体系，曾处于极度焦虑的状态，缺乏可以习得主流价值观念的稳定渠道，等等。年龄是极端化中不可忽视的要素。"暴力激进组织始终以年轻人为目标，这是因为他们认识到后者具有改变的潜力和强烈的欲望。"③ 例如，"基地"组织重点针对15岁至35岁年龄段的人。

2. 青少年极端化的内在机理

犯罪是人类行为的极端表现方式。研究犯罪，总离不开对"犯罪是什么""为什么会产生犯罪"的问题的探讨，特别是当认识到犯罪

① John Horgan, "The Psychology of Terrorism," Routledge, 2014, p. 67.

② Jeff Victoroff, "The Mind of the Terrorist: a Review and Critique of Psychological Approaches," The Journal of Coflict Resolution, Vol. 49, No. 1, Feb. 2005, p. 30.

③ Un Secretary－General's Remarks, "Investing in Youth to Counter Terrorism," https://www.un.org/sg/en/content/sg/statement/2018－04－12/un－secretary－generals－remarks－investing－youth－counter－terrorism.

是“人类社会不可避免的现象”“一种社会的正常现象”。[①] 因此，犯罪原因是犯罪学研究中最为根本却又最为复杂的问题。在一定程度上，犯罪原因理论就是犯罪学理论。[②]

一般而言，青少年在成长过程中都要接受规范的社会化，从而形成对社会基本行为规范的遵从动机与对违法犯罪行为的抗阻动机。尽管社会行为规范为犯罪预防提供了心理屏障，但是极端主义的“破坏力”即在于用冠冕堂皇的借口来试图冲破规范“堡垒”。青少年往往属于社会的弱势阶层，在人生事业的起步阶段难免因“磕磕绊绊”而产生消极心理。极端主义的反规范叙事将青少年的个人际遇与社会整体制度联系起来，将个人暂时的不幸归结为社会体制性的根源要素引发的必然结果，并将这种社会与个人的矛盾描述为绝不可能妥协的冲突与抗争关系，从而蛊惑青少年通过“暴力革命”来实现个人欲望。这种从青少年形成主观认知直至企图付诸于实践并完成的过程被称为“青少年的极端化”，即青少年被动或者自觉地将极端主义的意识形态特别是“自我—暴力—敌人”的关联结构予以内化为指导自身的行为指南与基本规范的一种动态性描述。

3. 上海合作组织治理青少年极端化的重要举措

2018 年 6 月 9 日至 10 日，上海合作组织成员国元首理事会会议在中国青岛举行，通过了《上海合作组织成员国元首致青年共同寄语》。文中指出：“在包括与上海合作组织国家相毗邻国家在内的广大地区和国家，不稳定源头有增无减，而各类恐怖组织、极端流派重点针对并企图对青年施加影响，试图趁青年思想意识尚未定型之际拉拢其参与破坏性活动。上海合作组织成员国境内一些青年在各种内外因素影响下，遭受强大的信息、意识形态和心理攻势，被灌输另类价值观和错误宗教观，因而参加了恐怖主义、分裂主义和极端主义活动。

① ［法］迪尔凯姆著，狄玉明译：《社会学方法的准则》，商务印书馆 2011 年版，第 82 页。

② 张小虎：《转型期中国社会犯罪原因探析》，北京师范大学出版社 2002 年版，第 13 页。

青年参与各类恐怖主义、分裂主义和极端主义组织活动对和平稳定构成重大威胁，引发冲突，使宗教及意识形态对抗升级，破坏传统社会秩序，也剥夺了青年对美好未来的期望。特别是，有人正利用大众传媒包括社交网络和其他社交方式，在互联网上存储、传播信息，宣扬与各国自身价值体系格格不入的思想，影响青年的思想意识和道德观念，破坏道德根基和公认的青年行为规范。”

《上海合作组织成员国元首致青年共同寄语》提出了预防青少年极端化的基本方略：

基本原则：坚决谴责蛊惑青年参与恐怖主义、分裂主义和极端主义组织活动，应在遵守法律至上、基本人权和自由，以及公认的国际法原则和准则基础上进行应对。

防范重点：采取协调一致和刻不容缓的措施，应对在青年中传播激进和破坏性思想，包括预防和制止恐怖主义、分裂主义和极端主义宣传、煽动，以及互联网招募活动等。

基本途径：应进一步加强国际合作，制止青年被吸收加入恐怖主义和极端主义组织。呼吁国际社会团结起来，形成广泛国际联盟，打击包括信息空间在内的全球恐怖主义和极端主义。

实施基础与主体：其一，在联合国框架内推进关于防止青年参与恐怖主义、分裂主义和极端主义组织活动的倡议，完善法律基础，全面实现青年的权利，提升青年求知识受教育的愿望，并为此创造良好条件。其二，各国及其主管部门应为应对在青年中传播恐怖主义、分裂主义和极端主义发挥决定性作用，包括在上海合作组织地区反恐怖机构框架内开展密切合作。其三，发挥上海合作组织成员国社会组织、媒体、宗教团体、教育和科研机构的潜力，以有效反制恐怖主义、分裂主义和极端主义对青年的威胁，提高公民对激进思想的免疫力。

具体措施：第一，培养全面和谐的人性，发展智力，培养对形形色色极端主义和狂热主义及其他有悖于国民价值体系思想的免疫力，制定防范措施。第二，让青年接触和掌握先进知识，鼓励青年培养对教育、科技、艺术和文学的兴趣，加强对青年包括使用信息通信技术在内的法律教育。第三，善于抵制各种破坏势力对青年思想意识的影响，它们试图向青年灌输极端主义、狂热主义和暴力思想。第四，发扬包容和人道主义精神，增强民族间和公民间和睦与相互理解，培养爱国主义、国际主义，开展跨文明对话。第五，推动共同的经济、人文倡议，吸引青年参与创业和创新项目以提高他们的就业率，提升其精神面貌和生活水平。第六，加强科技交流，在业经批准的上海合作组织相关计划框架内开展共同科研。第七，开展青年组织间合作，共同打击各种形式的国际恐怖主义、分裂主义和极端主义，防止青年参与恐怖主义和极端主义组织活动。第八，在上海合作组织框架内就青年问题积极展开有效合作。

2021 年 2 月 18 日，“青年人在反激进主义、极端主义和恐怖主义中的作用”在线国际会议在塔什干举行。上海合作组织时任秘书长弗拉基米尔·诺罗夫在活动开幕式上发言。他指出，疫情导致的经济和社会问题，与教育水平下降、失业和贫困急剧增加息息相关，对于那些很难实现自我和恐惧未来的年轻人来说，负面影响最大。在这种情况下，年轻人成为各恐怖主义和极端主义组织有针对性的影响对象，这些恐怖主义和极端主义组织试图通过操纵男女青年的薄弱意识来引诱他们从事破坏性活动。这些恐怖主义和极端主义组织还利用现代信息技术进行宣传和招募活动，具有跨国性、网络性和侵略性。诺罗夫进而指出预防青少年极端化的主要策略：第一，各成员国应加强多边合作，致力于打击利用信息通信技术实施恐怖主义、分裂主义、极端主义和其他犯罪目的的违法犯罪行为。根据上海合作组织地区反恐怖机构数据，仅在 2020 年，各成员国超过 2.3 万个涉及恐怖主义和极端主义信息的互联网资源已被限制访问，其中包括 326 个社交网络帐户。第二，健全网络反恐国际法制体系，需要在联合国的领导下制定具有法律约束力的通用文书，以确保全面国际信息安全，打击信息犯罪。第三，重视青年人极端化的治本之策。贫穷是导致青年激进化及其参与极端主义和恐怖主义活动的主要因素之一。各成员国应当在上海合作组织框架下继续鼓励、支持、帮助和促进青年人就业，从而消除恐怖主义与极端主义的罪恶温床。例如中国提出了关于成立上海合作组织青年创业国际孵化器的倡议，印度提出组织年度青年创业论坛的倡议，以及设立上海合作组织创新创业特别工作组的倡议。①

① 《上海合作组织秘书长参加主题为“青年人在反激进主义、极端主义和恐怖主义中的作用”在线国际会议》，上海合作组织官网，2021 年 2 月 18 日，http：//chn. sectsco. org/news/20210218/721003. html。

第五章　上海合作组织框架内的中亚地区反恐怖合作法律机制

一、上海合作组织框架内中亚地区反恐怖合作的理论和现实基础

（一）理论基础

1. 国际安全合作释义

20世纪80年代，随着国际局势的变化，有关国际合作问题的研究逐渐兴起并且向国际安全领域扩展，学术界开始探讨有关国际安全合作的问题。20世纪70年代，国际关系格局发生重大变化，美国霸权地位衰退，美苏关系在冷战后趋向缓和，欧洲经济复苏并走向联合，日本实现经济起飞，在这一背景下，国际关系中的合作问题研究在20世纪80年代出现一个高潮，合作领域涵盖了国际关系领域的方方面面，也延伸到国际安全领域。冷战结束以后，安全概念的内涵发生了巨大变化，非传统安全问题日益突出。国际安全合作是国际合作在安全领域的具体体现，由于国际安全历来是国际关系中矛盾和冲突最尖锐的领域，国家安全又是国家利益最核心的部分，受“安全困境”“无政府状态”和国家“自助”行为的影响，主权国家进行安全合作的困难要大得多，合作的目的和内容也复杂得多。国际安全合作作为解决国际矛盾和冲突、应对非传统安全威胁的重要手段，不仅日益显示出其重要性和必要性，也成了国

际安全关系中的常态。

海伦·米尔纳认为，合作是“行为者通过政策协调过程，调整自身的行为以适应别人目前的和以后的需求”，这里，政策调整的重点是各国调整政策以减少对别国的消极后果。[①] 罗伯特·尼斯贝特认为，合作是为达到一些目标而采取的联合或协调性行动的行为。合作可能是自愿或非自愿的，指令或非指令的，正式或非正式的，但不管怎样，合作总是为达到特定目标的各种努力的结合，其中，合作中的所有者都有自己实现的或想象中的利益。[②] 米尔纳同时认为，合作应该被视为一组关系，这组关系不是建立在压制或强迫之上的，而是以成员的共同意志为合作基础的。[③]

总的看来，学者们有关国际合作问题的研究，主要体现在以下几个方面。

第一是关于合作产生的背景。合作是行为体之间矛盾和冲突的产物。基欧汉认为，合作只有在行为者的政策处于实际或潜在的冲突情况下才会发生，合作不应该被视为没有冲突的状态，而应该被视为对冲突或潜在冲突的反应。[④] 阿克塞尔罗德甚至认为，合作在敌对者之间也是可能的。[⑤]

第二是关于合作的目的。合作是满足行为体基本利益需求的一种手段，这种利益需求既包括满足纯粹的私人或个体利益，也包括实现社会的总体利益。[⑥] 国际合作是实现国家政治、经济及其他目标的手段，合作的本身不是目的。基欧汉认为，我们在分析合作问题的时候，需要将更多的精力集中在获得自身利益的经济和政治目

---

① 倪世雄：《当代西方国际关系理论》，复旦大学出版社 2001 年版，第 342 页。

② 苏长河：《全球公共问题与国际合作》，上海人民出版社 2000 年版，第 165 页。

③ ［美］詹姆斯·多尔蒂、小罗伯特·普法尔茨格拉夫著，阎学通、陈寒溪等译：《争论中的国际关系理论》，世界知识出版社 2003 年版，第 329 页。

④ ［美］罗伯特·基欧汉著，苏长河等译：《霸权之后世界政治经济中的合作与纷争》，上海人民出版社 2006 年版，第 268 页。

⑤ 倪世雄：《当代西方国际关系理论》，复旦大学出版社 2001 年版，第 564 页。

⑥ 苏长河：《全球公共问题与国际合作》，上海人民出版社 2009 年版，第 367 页。

标的手段上，而不是放在执行冠冕堂皇的价值观念的努力上。①

第三是关于合作产生的条件。一是利益的一致。共同利益是合作得以产生的重要前提，但是，共同利益不等于或必然导致合作。基欧汉认为，不能把合作仅仅看作是反映共同利益压倒冲突利益的状态，共同利益是合作产生的基础，但是国家间的共同利益只有通过合作才能实现。二是理念的一致。理念包括对价值观念、道德标准等的判断。詹姆斯·多尔蒂等认为，作为一个核心前提条件，有关合作行为的理论需要理解和发展政治的一致性，这种一致性是各种制度安排的基础，而合作正是在这些制度安排中形成和发展的。②三是认知的一致。米尔纳认为，要实现合作，行为者必须形成认知的一致，特别是对共同的利益和价值取向，对问题和解决方法的一致认识。此外，这种“认知”还包括对国际政治中权力结构的认同，它是行为体之间产生互信与共识、并形成对未来的共同预期，实现稳定合作的基础。

2．“逆向外溢效应”理论

海伦·米尔纳强调：“国家间合作是一种特定类型的交换，它涉及一国根据别国政策的调整而相应地调整政策或预期，从而使双方都获益。”③ 国际合作研究领域的学者普遍认为，安全领域的多边合作相对于其他领域来说更为困难，因为安全合作要求各国在涉乎生存的问题上就别国的政策做出调整。

于是，新功能主义学派提出了著名的“外溢效应”理论，即经济领域的合作可以逐步扩散到政治和安全领域。经济合作之所以容易进行，是经济要素天然的流动性所导致的。资本、劳动力、商品等经济要素的跨国流动为各国之间的功能性合作提供了基础。然

---

① ［美］罗伯特·基欧汉著，苏长河等译：《霸权之后世界政治经济中的合作与纷争》，上海人民出版社2006年版，第178页。

② ［美］詹姆斯·多尔蒂、小罗伯特·普法尔茨格拉夫著，阎学通、陈寒溪等译：《争论中的国际关系理论》，世界知识出版社2003年版，第355页。

③ ［美］海伦·米尔纳著，曲博译：《利益、制度与信息：国内制度与国际关系》，上海人民出版社2010年版，第199页。

而，在安全方面，这种天然的合作倾向却不存在。在摩根看来，“人们只能通过对战争与威胁的反思，不得已而进行合作，以最大程度地避免灾难”。① 不仅仅是那些无力自保的小国，中等国家甚至大国都对安全合作充满了戒心。正是由于这一点，在经济上实现了高度一体化的欧洲诸国，在安全上却仍然各自为政。

上海合作组织的成功实践成为这一理论的一个特例。上海合作组织从成立之初就基于安全领域的合作，在安全合作的基础上逐渐扩散到经济、能源和文化等其他领域，这个与传统外溢效应相反的过程可以称为“逆向外溢”。比如中、俄、哈三国开始在能源领域进行合作，中亚国家在开展保护咸海环境方面进行合作，各成员国在不断增长的经济贸易领域里进行合作。目前，中国石油进口的2/3来自中东，剩下的大部分来自俄罗斯，从中亚地区进口的石油量不及1%。而中亚各国则蕴含丰富的石油储量，并能为石油进口提供可靠的运输管道。从长期来看，中亚各国有可能成为中国能源进口的一大来源，因此上海合作组织成员国在能源领域的合作空间还非常广阔。有理由相信，经济合作将成为推动上海合作组织不断发展的活跃因素，也是上海合作组织对其成员国特别是中亚国家保持持久凝聚力的重要源泉。

3. 上海合作组织安全领域逆向外溢的原因

第一，具有明确的合作目标。上海合作组织从成立之初，就以打击恐怖主义、维护地区安全为己任。而这一明确的目标对于中亚地区安全领域的合作有重要意义。首先，明确的目标使合作的领域和范围相对确定，中亚各国更容易判断自己在该问题上的成本和收益。国家间的合作充满着复杂性，当一个国家决定要参加多边合作时，往往带着明确的目的性和现实性，因此所参与的合作也是具有实质效力的。其次，目标明确能够消除各参与方的隐忧，即担心合

① ［美］帕特里克·摩根著，苏长河译：《多边主义与安全：欧洲的前景》，浙江人民出版社2003年版，第554页。

作会带来过度的主权让渡，以及潜在的未知损失。明确的目标最大程度减少了各方对不确定性的担忧，往往更容易获得接受。目标明确和有限预期是上海合作组织能够从一开始就进行成功的安全合作的原因之一。各成员国在地理上是接壤的或者临近的，而维持中亚地区安全则是各国的共同诉求。因此，政治和安全是将各成员国连接在一起的纽带，这决定了上海合作组织一开始就进行安全合作是相对容易的。

上海合作组织出台的一系列文件体现出其目标的明确性。其中，"上海五国"《关于在边境地区加强军事领域信任的协定》针对边境地区的军事合作制订了非常具体的条款。如关于军事演习："双方在边境线各自一侧一百公里地理区域内不进行超过下列人数的实兵演习：在中俄边界东段——四万人；在中俄边界西段和中国同哈萨克斯坦、吉尔吉斯斯坦、塔吉克斯坦边界单独或联合演习——四千人或作战坦克五十辆。"《打击恐怖主义、分裂主义和极端主义上海公约》（以下简称《上海公约》）第一条就明确规定了"恐怖主义""分裂主义"和"极端主义"的定义，这是上海合作组织成员国首次在国际社会上对"三股势力"作出的明确的法律定义。《上海合作组织反恐怖主义公约》第二条在《上海公约》的基础上进一步明示了"恐怖主义"和"恐怖主义行为"的本质和内涵，确立了认定"恐怖分子"和"恐怖主义组织"的基本标准。将恐怖主义、分裂主义和极端主义明确规定为犯罪，为各成员国明确了打击对象，统一了主要目标，奠定了反恐合作法律基础。这是实现各国合作反恐的必要前提，在上海合作组织成员国的反恐合作进程中具有重要意义。

第二，各个国家利益化。根据国际合作理论，小国在多边合作中往往重视绝对收益，大国则更重视相对收益。大国会更密切地注意谁是竞争对手，与竞争对手进行合作较为困难。因此，如果一个多边合作组织能够同时为大国提供利益协调的可能，并且能够给小国带来一些绝对收益，这种合作往往更容易进行。在大国的多边合作中，大国的利益如果无法得到协调，就可能会面临失败。联合国安理会制度是强有力的例证，因为它给予五大常任理事国以“否决权”，又在联合国大会中实现了国家无论大小皆有一票的权利。欧盟的多边合作也是如此，如政治学者杰弗里·加雷特所指出的：“那些管理着内部市场的经济规则和政治制度反映了欧共体中最强大的国家——法国和德国的偏好。有理由认为，促进欧洲共同一体化——诸如经济和货币联盟、政治联盟及共同体扩张的努力也同样受到了这些国家的影响。”①

一方面，在上海合作组织中，最大的两个成员国是中国和俄罗斯，因此中俄两国之间的利益能否得到协调，成为这个组织能否发挥效力的核心所在。上海合作组织的其他成员国都是与中俄接壤或近邻的国家，各个成员国在地理位置上密不可分。上海合作组织能否协调两大国利益，以及能否为中亚各国提供公共物品、增加中亚各成员国的绝对收益，成为了多边合作能否成功的关键。事实证明，上海合作组织较好地协调了中俄利益。一是由于中国与俄罗斯都面临地区安全问题的挑战，两国具有在地区安全事务上进行合作的情感基础。二是美国在中亚地区的存在为上海合作组织的发展提供了外部动力。“9·11”事件之后，美国加大了在中亚地区的干涉力度，中亚各国都为美军的干涉大开便利之门，其中吉尔吉斯斯坦、塔吉克斯坦、乌兹别克斯坦接受了大量美军的存在，并立即收到了来自美国的经济援助。美国在中亚的军事存在也使中俄两国有了合作的现实基础。

另一方面，上海合作组织为中亚各国提供了地区公共产品——区域的安全稳定与经济繁荣，增加了中俄以外成员国的绝对收益。首先，中亚各国都面临着宗教极端主义的危险。对于中亚五国来说，上海合作组织为它们提供了安全的保障以及打击“三股势力”

① ［美］帕特里克·摩根著，苏长河译：《多边主义与安全：欧洲的前景》，浙江人民出版社2003年版，第54页。

方面的多边合作。中亚地区宗教极端主义目前处于定型阶段，其中塔吉克斯坦和吉尔吉斯斯坦两国的宗教极端主义较为严重。其次，中亚各国还受到“颜色革命”的重大影响。2003 年发生在格鲁吉亚的“玫瑰革命”、2004 年乌克兰的“橙色革命”、2005 年发生在吉尔吉斯斯坦的“黄色革命”，都对中亚各国的国内政治产生了影响。再次，中亚毒品贸易日渐活跃，该地区已成为阿富汗毒品流向世界各地的中转枢纽和贩运通道之一。毒品贸易与极端恐怖势力的结合日益紧密，对中亚国家的安全与稳定构成了严重的威胁。因此，中亚国家需要与中俄合作，共同打击毒品贸易。最后，中亚各国长期经济增长缓慢，民众生活相对贫困，而少数人却短时期暴富，引发了严重的社会矛盾。比如吉尔吉斯斯坦的官场腐败盛行，垄断行业都掌握在前总统阿卡耶夫家族及其亲信手中，而民众消费水平与生活质量低下，造成了严重的统治危机。因此，中亚各国期待一个繁荣的地区经济，希望在中国的带动下摆脱贫困、实现发展。

（二）现实基础

安全合作是上海合作组织的重点合作领域，核心是打击恐怖主义、分裂主义和极端主义“三股势力”。2001 年 6 月 15 日，上海合作组织成立当天，成员国即签署《打击恐怖主义、分裂主义和极端主义上海公约》，在国际上首次对恐怖主义、分裂主义和极端主义“三股势力”作出了明确定义，并提出成员国合作打击的具体方向、方式及原则。这发生在“9·11”事件之前，体现了成员国打击恐怖主义的远见卓识。上海合作组织由此成为最早打出反恐旗帜的国际组织之一。在“9·11”事件发生后三天，上海合作组织发表了《上海合作组织成员国政府总理声明》，指出：国际恐怖主义已对全人类构成严重威胁。美国的悲惨事件表明，恐怖主义无国界、无道义标准。只有各国联合努力才能消灭这股邪恶势力。并强调，上海合作组织在此方面进行着积极工作。打击恐怖主义、分裂主义和极端主义是我们组织的最重要任务之一。然而，冰冻三尺，非一日之寒。恐怖主义在中亚的发生有其深层的社会土壤，并愈发成为该地区安全与发展的“阿喀琉斯之踵”。

1. 三股势力的产生和发展

中亚地区地处亚欧大陆结合部，该地区居住着一百多个民族，按地区的民族类型及聚居情况划分为乌兹别克斯坦、吉尔吉斯斯坦、哈萨克斯坦、塔吉克斯坦、土库曼斯坦五个共和国，其区域经济和地缘政治上的战略作用不容小觑。中亚地区的民族、宗教和文化的关系极为复杂，民族和文化的多样性使得周边政治势力都意图影响该地区的局势，而使中亚地区有了所谓“欧亚巴尔干”之称。①

20 世纪 90 年代以来，恐怖活动开始与宗教极端主义、跨国走私、贩毒等其他犯罪活动紧密联系在一起，影响了中亚的稳定和发展。特别是 1999 年后，宗教极端主义、国际恐怖主义、极端民族主义三种势力有结合的趋向，在中亚表现得非常明显。一些宗教极端主义分子采取了恐怖主义的方式进行活动，民族分裂分子打出了宗教的旗号，试图扩大影响，制造事端。这些破坏地区稳定的势力彼此呼应，跨越国界，已成为地区性问题。② 中亚地区的恐怖主义一般具有宗教极端主义的色彩，与中东、南亚和西亚一带恐怖主义组织有联系，基本思想是鼓吹“圣战”。

21 世纪初，“三股势力”开始有合流的趋势，这些破坏地区稳定的势力彼此呼应，跨越国界，已成为覆盖中亚各国的地区性问题。③ 根据美国政治思想家亨廷顿的研究：那些在经济上高度发达、富裕的国家往往较少出现政治动荡；而那些在经济上极端落后，基本位于国际经济水准最低档的赤贫国家政治上也比较稳定。政治动

---

① ［美］兹比格纽·布热津斯基著，中国国际问题研究所译：《大棋局：美国的首要地位及其地缘战略》，上海人民出版社 2007 年版，第 186 页。

② 孙壮志：《中亚新格局与地区安全》，中国社会科学出版社 2001 年版，第 87 页。

③ 孙壮志：《中亚新格局与地区安全》，中国社会科学出版社 2001 年版，第 339 页。

荡最容易发生的，而且频率最高的是已经开始进入现代化过程，且经济上有相当程度发展的国家和地区。①

2. 中亚地区的恐怖主义现状

表5－1　2001年以来中亚地区重大恐怖攻击事件表（2001—2010年）

时间	国家、地区	事件内容
2001年7月	塔吉克斯坦	塔吉克斯坦政府内务部第一副部长被恐怖分子暗杀
2001年9月	塔吉克斯坦	塔吉克斯坦政府文化部长被恐怖分子杀害
2002年6月	吉尔吉斯斯坦	中国驻吉尔吉斯斯坦大使馆一等秘书王建平疑被“东突分子”枪杀
2003年3月	吉尔吉斯斯坦	“东突分子”劫持一辆吉尔吉斯斯坦大巴，杀害了车上20名乘客，并烧毁大巴
2004年3月	乌兹别克斯坦	伊斯兰“圣战组织”在塔什干发动一系列恐怖爆炸袭击，造成数10多名警察和平民伤亡
2005年5月	乌兹别克斯坦	极端宗教分子在安集延市制造骚乱，造成当地10名警察死亡
2007年11月	塔吉克斯坦	恐怖分子在杜尚别发动针对塔吉克斯坦总统拉赫蒙的爆炸事件
2010年9月	塔吉克斯坦	塔国防部的一个车队在首都杜尚别以东185公里的地区遭到了武装恐怖分子的袭击，造成包括国防部和国民卫队军官在内的23名官兵死亡
2011年12月	哈萨克斯坦	在阿拉木图州博拉尔达伊镇，内务部队和特种部队战斗小组将恐怖分子包围并试图劝降，但遭到抵抗5名恐怖分子全部被歼灭，两名特种部队士兵死亡
2012年8月	哈萨克斯坦	7月11日，阿拉木图州陶萨马雷村一幢小楼发生自制炸弹爆炸，包括4名儿童在内的8人死亡。8月17日哈警方在阿拉木图州卡拉赛地区的一个平民别墅区击毙9名恐怖分子

① ［美］塞谬尔·P. 亨廷顿著，王冠华等译：《变化社会中的政治秩序》，上海人民出版社2008年版，第497页。

续表

时间	国家、地区	事件内容
2015 年 9 月	塔吉克斯坦	一伙恐怖分子 2015 年 9 月 4 日清晨袭击了瓦赫达特市的内务部办公室、首都杜尚别的一个警察局以及杜尚别机场，共导致 8 名警员丧生，另有 5 人受伤
2016 年 6 月	哈萨克斯坦	6 月 5 日，哈萨克斯坦西部中心城市阿克托别发生一起恐怖袭击，造成 6 名军人和平民身亡，12 名恐怖分子被击毙
2016 年 8 月	吉尔吉斯斯坦	一辆装有炸弹的汽车在中国驻吉大使馆大门旁发生爆炸。自杀式袭击者在爆炸中丧生，三名吉尔吉斯斯坦籍安保人员受伤
2019 年 11 月	塔吉克斯坦	20 名极端组织"伊斯兰国"武装分子 11 月 6 日袭击了位于塔首都杜尚别西南约 60 公里的一个塔方哨所。塔吉克斯坦 1 名边防士兵和 1 名内务部工作人员死亡

中亚地区宗教极端和恐怖组织政治化、国际化、网络化的基本特征的形成，离不开"基地"组织、"伊斯兰国"等外部势力的资助。这些外部势力，平时予以思想意识形态的输出、巨额资金和武器装备的支持、恐怖技能的军事培训，困难时期提供庇护场所予以隐藏，在其力量强大开始进攻或者向母国回流时则提供后方基地和人员。在这些因素的共同作用下，中亚地区形成了三种类型的宗教极端和恐怖组织。

第一，受宗教极端思想宣传蛊惑，影响中亚国家境内的土生土长的组织。这类组织规模相对较小，人员数量相对较少，有时经常刚刚露头，就遭到严厉打击，难以继续发展壮大，不会产生较大威胁。

中亚"圣战者联盟"，2002 年根据"基地"组织向哈、乌两国渗透的命令而成立，目标是在哈、乌境内实施恐怖活动，推翻世俗政权，打击伊斯兰教的敌人，如美国、以色列及其盟友。创建人乌兹别克人别克米尔扎耶夫和哈萨克人比穆尔扎耶夫系原"乌伊运"成员，在阿富汗受过宗教培训和军事训练，参与了巴特肯地区冲突事件，熟练掌握"基地"组织的爆炸和破坏活动手段。该组织两年内招募了50名乌兹别克人和20名哈萨克人，分散在独联体四个国家内活动，个别成员曾专程赴阿富汗“基地”组织训练营参加训练，形成了制爆专家、招募专家和制造假证专家等分工明确的组织体系。2004年3月底4月初和7月30日，在乌兹别克斯坦境内实施了系列恐怖活动。2004年底预谋对哈萨克斯坦领导人实施自杀式袭击，后被哈萨克斯坦警方发现并捣毁，头目及14名成员遭逮捕和宣判。

“哈里发战士”系恐怖组织，2011年夏在哈萨克斯坦成立，目的是在哈萨克斯坦境内发动“圣战”，参与国际恐怖主义活动。主要成员全部藏匿在阿富汗与巴基斯坦交界地区。2011年10月底在阿特劳制造了两起爆炸事件，12月在阿拉木图州警方的专项清剿行动中被消灭，5名成员被击毙。此外，还有塔吉克斯坦境内的“安拉战友会”和吉尔吉斯斯坦境内的“公正统治军”，均将斗争的矛头直指现政权，制造实施了数起恐怖袭击事件。2014年8月，“安拉战友会”的两名领导成员在阿富汗与塔吉克斯坦交界的巴达赫尚地区被击毙。

第二，受到庇护和支持的活动区域遍布全区及跨区的组织。这类组织规模较大，实力比较强，行动较为灵活，可顺利在各国之间潜入潜出，以攫取国家政权为目标，属于清剿不尽、打不赢就跑的类型，与阿富汗、巴基斯坦等地的国际恐怖组织有密切关系。

“乌兹别克斯坦伊斯兰运动”简称“乌伊运”，1996年由尤尔达舍夫纠集了一批极端分子成立。据2010年乌兹别克斯坦内务部公布的一份恐怖分子名单中，在被通缉的1444名恐怖分子和极端分子中，“乌伊运”成员就有633名。作为中亚地区最主要的政治极端和恐怖组织及重要安全威胁，“乌伊运”曾掀起中亚暴力恐怖活动的高峰。“9·11”事件后主要在阿富汗北部和东部地区活动，在巴阿边境地区进行积极的招募和训练。2002年组织发生分裂，产生了相互竞争、意见分歧的几个分支机构。2009年科兹继任后，再未在中亚地区制造过大规模行动。2014年10月向“伊斯兰国”效忠后，领导指挥层头目极缺，组织活动主要取决于“伊斯兰国”的资金支持。2015 年 7 月初，头目科里·西克玛杜洛赫，（主要负责“乌伊运”在阿富汗北部地区的军事行动）在阿富汗北部地区巴格兰省被阿富汗政府军击毙。据称该组织已基本被瓦解。

“突厥斯坦伊斯兰党”2004—2005 年成立于巴基斯坦瓦济里斯坦部落区，由“东突厥斯坦伊斯兰运动”改组而来，约有成员 200—300 名，是中亚地区最重要的宗教极端和恐怖组织之一。2005 年加入“基地”组织，主张开展全球“圣战”。极力向哈萨克斯坦渗透，2006 年在哈萨克斯坦境内发现其分支活动。“伊斯兰国”兴起后离开阿富汗和巴基斯坦赴叙利亚参战，在叙利亚境内约有成员几百名，与极端组织“支持战线”关系密切。

第三，域外创立极力向中亚国家渗透地区影响快速增强的组织。因为中亚国家只是其输出渗透的一个部分，甚至并不是最主要的部分，而且经常强调采取非暴力手段，往往具有较大欺骗性，能长期生存，发展壮大。比较有代表性的有：

“伊斯兰解放党”简称“伊解党”，典型的跨国宗教极端组织，1952 年创建于巴勒斯坦，主要在阿拉伯地区活动，有极端政治主张，预谋破坏世俗和法制生活。内部有严密的呈金字塔型的组织体系，建立有基层支部，组织成员之间不能越级联系。20 世纪 70 年代末进入中亚，苏联解体后趋于活跃，20 世纪 90 年代中期在费尔干纳地区、乌安集延、塔什干等地建立支部，现已将势力扩展到吉尔吉斯斯坦全境甚至哈萨克斯坦。在中亚地区信徒众多，据称已达十多万人。由于其速扩展引起中亚国家警惕遭到取缔而转入地下活动。“9·11”事件后一度沉寂，现在又开始活动，主要是通过大量散布传单和宣传手册来传播极端思想，甚至向居民邮箱投送极端思想宣传品，中亚国家政府强力部门对其限制和监控比较严密。

“达瓦宣教团”是一个伊斯兰教传教者组织，1927 年由神职人员伊利亚斯（1885—1944 年）在印度梅瓦特创立。传教时在亚洲国家以 10—12 人、其他地区国家 3—5 人组成一个传教小组，聚集在清真寺，进行“门对门”传教。小组内有严格的纪律规定，绝对忠诚于小组领导。在南亚传教时会连续4—5个月在清真寺内栖身，在西欧和美国一般会留宿于完全由沙特瓦哈比派资助修建的清真寺或者伊斯兰中心。思想主张认为任何形式的进步都不符合伊斯兰教要求，要把妇女排除出社会生活，以狂热的态度弘扬伊斯兰教，新招募人员会被派往阿富汗和巴基斯坦的训练营接受训练。在美国一些加入或打算加入“圣战”小组的美国公民，均与该组织保持了联系，从而使该组织被认为是“伊斯兰极端主义与世界范围内极端和恐怖行动执行者主要招募者之间的‘传送力量’”，但美拒绝将其列入恐怖组织名单。

“赎罪与迁徙组织”系宗教极端组织，1960年在埃及成立，思想主张为宣传开展圣战，反对异教徒，与“基地”组织、“伊斯兰国”等国际恐怖主义组织的意识形态基础相近，赞同叙利亚和伊拉克恐怖分子的行动，整体上反对世俗国家体制和宪法法律。2014年被哈萨克斯坦宣布严禁在境内活动。2016年12月，受境外指挥，该组织预谋2016年12月21日在阿拉木图州、阿克托别州、阿特劳州和阿拉木图市等地同时实施系列恐怖破坏活动，但被哈萨克斯坦警方铲除，并在捣毁组织地下窝点行动中逮捕该组织哈萨克斯坦分支16名成员。

二、上海合作组织框架内的中亚地区反恐怖合作法律机制的发展历程

（一）中亚各国反恐怖立法

1. 刑法对于恐怖主义的规制

中亚国家在效仿苏联法律体系的基础上，相继颁布一系列的法律，规定了政教分裂、危害国家和公共安全的各种行为，非法宗教活动、表现形式及其禁止方式，在刑法中构造了反恐法律体系。恐怖主义犯罪与其他普通的刑事犯罪不同，它的社会影响和涉及范围比较广。与此同时，恐怖主义犯罪带有很强的政治色彩。刑法作为一种以

国家强制力为后盾的法律，应该对恐怖主义犯罪予以明确规定，并把恐怖主义犯罪列举为刑法规范禁止的主要犯罪行为。中亚地区恐怖犯罪比较频繁，恐怖主义犯罪对中亚的危害基本相同，恐怖犯罪的类型和表现形式也基本相似。因此，中亚国家刑法在规定恐怖主义犯罪时着重把握恐怖主义犯罪的核心内涵，从它的行为特征和危害后果具体描述恐怖犯罪及其与恐怖主义有关的犯罪行为。

首先，中亚国家用叙明罪状规定恐怖主义犯罪。中亚国家的刑法在界定恐怖主义犯罪时不仅仅简单地描述本罪的构成特点，而是详细描述恐怖主义、恐怖主义犯罪及其他的行为特征，以避免在界定恐怖主义犯罪时出现歧义。

《塔吉克斯坦共和国刑法》在第八部分第二十一章“危害公共安全罪”第一百七十九条明确界定恐怖主义为“通过爆炸、放火或扫射，对他人造成破坏，财产损失或者其他严重后果，如果实施这些行为的目的是为了破坏社会安全、震撼群众或者影响国家权力机构的决定，将被判处 5—10 年的有期徒刑”。“如果上述犯罪行为被犯罪团伙预谋多次进行，并导致死亡或其他人身伤害，将被判处于 10—18 年的有期徒刑，并处没收财产。”《哈萨克斯坦刑法典》第九章危害公共安全和公共秩序罪第二百三十三条，界定恐怖主义为“爆炸、放火，或者其他造成他人死亡，巨大财产损失，或者对公众造成其他损失的行为，行为人实施这些行为的目的是破坏公共安全、威胁公众，或者强迫哈萨克斯坦政府、外国政府、国际组织接受他们的决定”。“如果行为人实施上述行为，将被判处 4—7 年的有期徒刑，如果反复实行，并且使用武器，被判处 7—12 年的有期徒刑。”《哈萨克斯坦刑法典》第二百三十三条第一款进一步规定：“推崇恐怖主义和鼓动群众进行恐怖主义行为、发行恐怖主义资料的行为被判处为期 5 年的有期徒刑。公务员或者有领导地位的人从事上述行为将被判处 3—8 年的有期徒刑。”该法条第二款规定：“参加或者组织恐怖主义集团将被判处 8—15 年的有期徒刑，附加没收财产。”恐怖信息对社会的威胁不亚于恐怖犯罪本身，它可能使整个社会的正常活动瘫痪。

《哈萨克斯坦刑法》第二百四十二条规定：“故意传播与恐怖主义有关的信息者，将根据收入状况被判处 200—500 坚戈的罚款，或者被判处 1—2 年的劳动改造。”

面对咄咄逼人的恐怖袭击事件，《乌兹别克斯坦刑法典》在第二部分危害和平和安全的犯罪第八章“危害和平和人道的犯罪”第一百五十五条里对恐怖主义进行了界定，根据该条的规定，恐怖主义是指使用暴力和其他方式威胁个人或者其财产，或者为了破坏国际关系、侵犯国家主权和统一、国家的安全、发动战争和武装冲突使用暴力威胁政府、国际组织、官员或者法人做某事或不做某事，破坏社会政治环境，威胁群众，或者为了帮助和资助恐怖组织的活动、恐怖行为的实行直接或间接地给恐怖组织提供资源或服务，或者参加的人提供资源的将被判处 8—10 年的有期徒刑。“威胁国家公务人员、公共人物或代表性人物的生命或者对他们身体进行残害，为了破坏社会秩序或影响国家机构的决定、阻碍政治和其他公共活动者从事国家活动有关的行为将被判处 10—15 年的有期徒刑，如果从事恐怖活动造成死亡或者其他严重后果将被判处 15—20 年的有期徒刑或死刑。”“参与恐怖行为的人，积极协助警察及时向政府提供有关恐怖主义的信息，防止严重后果的发生和恐怖目标的实现，如果他没有其他犯罪行为将免除他的刑事责任。”

《吉尔吉斯斯坦刑法典》对恐怖主义犯罪的界定与上述三个国家的界定相似。它也具体描述了恐怖主义犯罪的特点。可以看出，中亚国家在刑法典中明确阐述恐怖主义犯罪的各种行为方式，避免了中亚国家之间因定义不清所产生的歧义和冲突。

其次，与恐怖主义有关的行为被列在刑法之中并配置了与各种恐怖犯罪行为相应的惩罚。恐怖主义犯罪的行为方式多种多样，有的通过组成恐怖组织来进行犯罪活动，有的则通过利用民族之间的隔阂，挑动民族仇恨来煽动人们参与恐怖犯罪。刑法必须禁止这些行为。禁止的方法是将法益侵犯行为类型化，并规定相应的法定刑。

《塔吉克斯坦共和国刑法》第一百八十二条、一百八十五条、一百八十七条、三百一十条和四百零二条分别规定了与恐怖主义性质有关的“组织犯罪集团罪”“煽动种族仇恨罪、袒护犯罪亲属和宗教仇恨罪”和“使用暴力夺取和维持权力罪”等罪名，并对其配置不同级别的刑罚，实现“罪有其罚”。《塔吉克斯坦共和国刑法》还规定，如果其他犯罪形式是为达到恐怖主义目的而实行的，也属恐怖主义犯罪。

《吉尔吉斯斯坦刑法典》在第二百二十九条第一款规定了煽动民族、种族、宗教仇恨罪之外，在第一百四十七条还规定了在履行宗教仪式的幌子下，蓄意侵害人身和公民权利罪的规定。近年来，宗教极端分子的活跃使吉尔吉斯斯坦政府被迫颁布了更加严厉的《吉尔吉斯斯坦刑法补充法案》草案，草案对《吉尔吉斯斯坦刑法》第二百九十九条中所规定的制造、保存、散布、运送、邮寄含有煽动民族、种族或宗教仇视和损害国家尊严内容的录像带、磁带、书籍等的行为制定了加重惩罚措施。

2. 专门性反恐法律

意大利著名刑法学者贝卡利亚曾经指出，犯罪对公共利益的危害越大，促使人们犯罪的力量越强，制止人们犯罪的手段就应该越有力。[①] 专门性反恐法律是中亚国家惩治恐怖犯罪的另一项主要法律措施。鉴于恐怖主义活动的严重危害，中亚国家以独立立法形式颁布了专门的反恐法律，从实体和程序上规定了恐怖主义犯罪及其惩罚的有关问题。

中亚国家中，哈萨克斯坦最早颁布了反恐法律。1999 年 7 月 13 日，哈萨克斯坦通过了《同恐怖主义斗争法》，此项法律界定了恐怖主义的概念，反恐机构及其任务，恐怖分子的刑事责任等。“9・11”事件后，哈萨克斯坦议会下议院批准了对反恐法令进行的修改，颁布了《反洗钱和反恐怖主义资助立法草案》，它规定了洗钱罪、极端主

---

① ［意］贝卡利亚著，黄风译：《论犯罪与刑罚》中国大百科全书出版社 2003 年版，第 46 页。

义犯罪和恐怖主义资助罪及其刑事责任方式。

2007 年 4 月 25 日，哈萨克斯坦议会下院还批准了“反恐法”补充修正案，以加强对恐怖主义的打击力度。根据这项法案，哈萨克斯坦将建立全国反恐机制，确定了总统、政府及国家机关在反恐中的权限范围，并对恐怖组织的确认标准作了明确规定。法案还禁止任何人利用网络和通讯设备从事恐怖活动，禁止出版和传播恐怖主义材料等。宗教极端主义和政治极端主义是威胁中亚地区稳定的主要因素之一。今天的哈萨克斯坦处于各种冲突地带的包围之中，“假如不能做到以立法程序来写明‘极端主义’的概念以及对使用极端主义手段者的处罚措施，那么，国家一旦遭到恐怖主义的袭击，将会是软弱无力的。”①

哈萨克斯坦在 2004 年颁布了《反极端主义活动法》，为打击极端主义活动提供了有利的法律依据。该法案明确了“极端主义活动”的概念，并将极端主义分为“政治极端主义”“民族极端主义”和“宗教极端主义”三种类型。根据这项法案，哈萨克斯坦不仅可以对本国的极端主义组织进行认定，还可以对在哈萨克斯坦领土上从事极端主义活动的外国和跨国组织进行定性。该法案进一步明确了哈萨克斯坦国家和政府各有关部门在打击极端主义活动中的职责范围。

2005 年 2 月 9 日，哈萨克斯坦议会通过了《反极端主义活动法》。目前尚需解决的问题是，继续为通过一些必须的规范的法令做工作，以应对非常局势和其他威胁到国家安全清况的出现。

除了专门的法律之外，打击恐怖主义在哈萨克斯坦共和国露头的机制还以其他一些法律条文为依据。1998 年 8 月，哈萨克斯坦总统纳扎尔巴耶夫签署了独联体国家中第一部与腐败做斗争的法律——《哈萨克斯坦共和国反腐败法》，同年 11 月又颁布了《关于建立国家打击贪污犯罪委员会》的命令。这两个法律中也有以打击恐怖主义犯罪为

---

① ［哈］努·纳扎尔巴耶夫著，曹特金、李巍岷、康春林译：《转折的十年》，民族出版社 2004 年版，第 77 页。

目的的条款。

如果犯罪行为表明，行为人的犯罪倾向仍在发展之中、尚未根深蒂固，那么，应尝试通过连续的强有力的惩罚措施来根除其犯罪倾向。专门性反恐法律不仅对潜在的恐怖分子产生威慑，同时也能起到压制他们犯罪倾向的作用。

乌兹别克斯坦独立之后成为了极端势力的目标。为了应对日益猖獗的恐怖极端势力，2002 年 12 月乌兹别克斯坦议会通过了《反恐怖主义法》，从实体和程序上规定了恐怖主义犯罪的具体内容、有权打击恐怖主义犯罪的国家机关的权限范围，反恐怖活动的行为方式以及新闻媒体在报道恐怖活动时的权利和义务，遭受恐怖活动袭击的被害人的损害赔偿和社会恢复援助和参与恐怖活动的行为人的刑事责任等，从而从法律上把该国反恐行动列入到了治理范围之内，加强了打击恐怖分子的力度。2004 年乌兹别克斯坦修订了《反恐怖主义法》，规定对恐怖分子进行更加严厉的处罚。

从 1991 年到 2007 年吉尔吉斯斯坦共发生 13 起恐怖主义活动，仅次于塔吉克斯坦和乌兹别克斯坦。针对日益猖獗的恐怖主义犯罪，《吉尔吉斯斯坦反恐怖主义法》于 1999 年 10 月颁布。2006 年 6 月，吉尔吉斯斯坦议会又颁布了《吉尔吉斯共和国反对资助恐怖主义和洗钱起诉程序的合法化法》，从法律上界定与资助恐怖主义有关的各种行为及其合法化过程。吉尔吉斯斯坦的“反恐法案”相对于乌兹别克斯坦的《反恐怖主义法》而言，显得比较简单。它界定了恐怖主义的概念，规定了吉尔吉斯斯坦的反恐主体和反恐机关的任务及其恐怖预防方式，明确了反恐机构的权力和职责，制定了协调反恐活动及与国际社会联合反恐的措施等。该法还规定了参与恐怖主义犯罪行为人的刑事责任以及对参与反恐行动者及其家属的特殊保护措施。根据该法案，计划建立隶属吉尔吉斯斯坦国家安全部的反恐中心，直接领导并组织军事部门的反恐活动。

宗教极端主义是困扰中亚地区的重要威胁之一。中亚地区还存在一些极端分子。他们利用一些不满现状的极端分子在中亚建立一些宗教极端组织，直接领导、参与恐怖活动，或煽动人们进行恐怖活动。鉴于宗教极端势力，特别是“伊扎布特”等极端宗教组织在中亚地区的活动日益猖獗，严重威胁中亚的安全。

为更有效地打击极端势力，中亚诸国相继颁布了专门针对极端主义的法律。2002 年 5 月吉尔吉斯斯坦公布了《吉尔吉斯共和国反对政治极端主义法草案》。草案由四章构成。第一章总则，规定了国家权力机构惩治政治极端主义的任务及其法律结构、政治极端主义的概念及其惩罚原则。第二章规定了国家权力机构与政治极端主义斗争的活动安排。第三章规定了防止和镇压政治极端主义的方式和方法。根据该草案的规定，政治极端主义是指政党、宗教组织、非商业组织和国家权力机构的代表和公民企图通过暴力改变吉尔吉斯斯坦的宪法，篡取政权和侵犯国家主权、领土完整，组织非法武装部队，煽动民族、种族和宗教仇恨，鼓动群众从事有政治目的的非法活动。

2005 年 7 月 31 日，吉尔吉斯斯坦通过了《反极端主义活动法》。该法将下述 9 种情况界定为极端活动：采用暴力改变宪法制定或破坏吉尔吉斯斯坦国家完整；危害国家安全；夺取和占领权力机构；建立非法武装；实施恐怖活动；煽动种族、民族或宗教纠纷，采用暴力或威胁使用暴力煽动社会纠纷；损害国家尊严；出于意识形态、政治、种族、民族、宗教等方面的仇恨，或是对某一社会团体的敌视等原因制造大规模骚乱、从事流氓活动和破坏文物；宣扬依据一个人对宗教的态度，依据一个人的社会、人种、民族或语言属性可以确定一个公民是特殊的、优等的或低劣的。该法填补了以往在认定极端主义活动和极端主义组织时法律上的缺失，为执法部门打击极端宗教势力提供了有效的法律支持。

《塔吉克斯坦共和国反恐怖主义法》于 1999 年 11 月颁布的，共九章第三十条。该法采纳了《塔吉克斯坦刑法》的规定、国际法律实践和本国反恐方面经验教训，规定了反恐的法律基础、目的和恐怖主义的概念，细述了恐怖主义行为，恐怖主义性质的犯罪、恐怖团体、恐怖分子、恐怖组织和反恐领域内进行国际合作等内容。该法第二章不仅对直接进行反恐斗争的主体及其力量进行了详细规定，还对参与反恐的合作形式和参与方式作了区别。第三章以列举的方式具体规定了恐怖主义活动的行为方式、国际恐怖主义活动、反恐怖主义活动方式和反恐怖主义的原则，这对正确区分各种恐怖主义和合法打击恐怖主义提供了法律基础。恐怖活动的侦查、预防和起诉是塔吉克斯坦反恐怖主义法的重要内容之一，它规定了调查恐怖分子的罪行和审理恐怖犯罪案件的司法程序。《塔吉克斯坦共和国反恐怖主义法》第十五条规定，为了预防恐怖活动，禁止建立、登记及运作以恐怖活动为目的的组织；禁止宣传与恐怖主义相关的活动；禁止允许参与恐怖活动的人出入境或过境等。

法律在反恐怖主义犯罪中起着不可替代的作用。它一方面为国家打击恐怖主义犯罪提供了法律依据，另一方面也是对国家打击恐怖主义犯罪活动的规范化、理性化，从而防止情绪化的报复行动。中亚国家在反恐怖主义的斗争中不断完善自己的反恐法律制度，为中亚的稳定提供了有力的法律保障。据有关媒体披露，2007—2009 年期间中亚国家没有发生重大的暴乱或者极端势力的破坏。虽然中亚国家能够取得这种成就的原因是多方面的，但我们不能不看到通过国内法机制来打击和防范中亚恐怖主义是一条重要途径。其积极意义就表现在消除危害国内社会和国际社会稳定的因素，并进而在防止和遏制未来危及国际和平与安全以及国内社会的稳定的行为方面发挥积极有效的作用。

（二）上海合作组织法制架构

反恐问题的解决不是一蹴而就的，上海合作组织反恐法律机制的构建亦是如此。中亚地区饱受恐怖主义、极端主义和分裂主义的威胁和侵害，正是在这样的大背景下，上海合作组织的反恐机制才得以建立并不断发展。

2001 年 6 月 15 日，中国、俄罗斯、哈萨克斯坦、吉尔吉斯斯坦、塔吉克斯坦和乌兹别克斯坦六国在上海签署《上海合作组织成立宣言》，宣布成立上海合作组织，并且签署了《打击恐怖主义、分裂主义和极端主义上海公约》。该公约把打击恐怖主义、分裂主义和极端主义作为上海合作组织的重要职能，实现了“由签署政治性文件到签署法律文件的突破”，奠定了联合打击“三股势力”的法律基础，是上海合作组织反恐法律机制的核心。

2002 年 6 月，上海合作组织成员国第二次元首峰会在俄罗斯圣彼得堡举行，六国领导人签署了《上海合作组织宪章》《关于地区反恐机构的协定》和《上海合作组织成员国元首宣言》三份重要法律、政治文件，这是上海合作组织加强自身建设、提升合作层次、加大反恐力度所采取的三大战略举措。这些文件的签署表明，上海合作组织的合作涉及安全、经济、交通、文化、救灾、执法等广泛领域，安全合作是上海合作组织的重点合作领域，其核心是打击恐怖主义、分裂主义和极端主义。上海合作组织是第一个提出联合打击国际恐怖主义的国际组织，在协调各国反恐合作方面发挥着重要作用。

2004 年，上海合作组织地区反恐怖机构总部在乌兹别克斯坦首都塔什干成立，这是上海合作组织反恐法律机制建设的重要步骤。

2006 年 6 月 15 日，上海合作组织成员国元首理事会通过《上海合作组织成员国打击恐怖主义、分裂主义和极端主义 2007 年至 2009 年合作纲要》。

2015 年 4 月 10 日，上海合作组织地区反恐机构理事会在塔什干举行的第 26 次例行会议上通过了《上海合作组织成员国打击恐怖主义、分裂主义和极端主义 2016—2018 年合作纲要》草案。这些重要文件的签署，标志着上海合作组织反恐法律机制建设取得了重大进展。

三、上海合作组织框架内的中亚地区反恐怖合作法律机制分析

（一）从法律上明确了核心概念

长期以来，国际社会对恐怖主义或恐怖主义犯罪的概念争论不

体。中亚国家的反恐法律均采取了独立的立法模式，但同时注重与其他法律法规的衔接，以中亚地区的恐怖犯罪行为的特点和运作模式为基础，从中亚国家的社会、文化、政治特征和该地区恐怖主义犯罪活动的特点出发，结合国际恐怖主义犯罪的主要表现形式，列举了被认定为恐怖主义犯罪的一系列暴力行为，从而为中亚地区的反恐怖犯罪和反极端宗教势力犯罪打下了法律基础。这种刑法典和专门法相结合的方式界定恐怖主义犯罪，强化了对恐怖主义犯罪的惩治和预防力度，既具有稳定性，又具有灵活性。这样不仅可以使恐怖分子被及时绳之以法，而且也可以增强惩治恐怖分子的司法效益。

极端主义在法律上的定位是中亚反恐法律的一个主要特色，它与中亚恐怖主义的特点是非常适应的。法律具有明确性、稳定性特征，以法律的形式明确极端主义的概念，就能够在中亚范围内统一民众认识，有利于中亚国家集中资源开展打击工作。同时，对极端主义的明确界定，也意味着中亚国家依法行使权力，走向法治道路。在中亚国家之中，乌兹别克斯坦、吉尔吉斯斯坦和塔吉克斯坦的极端主义势力最为活跃。尤其是在塔吉克斯坦和乌兹别克斯坦境内活动的极端伊斯兰组织对中亚各国造成了严重的威胁。因而，这些国家高度重视区别宗教极端主义和政治极端主义。上海合作组织各成员国元首 2015 年在俄罗斯乌法举行的上海合作组织成员国元首理事会第十五次会议上批准制定一部国际法文件。此后在中国政府的大力推动协调下，经各成员国共同努力，历时两年最终形成了国际上政府间第一个专门针对极端主义的重要法律文件——《上海合作组织反极端主义公约》。公约从意识形态和实际活动两个方面，科学界定了“极端主义”的内涵，为确定反极端主义斗争内容，有效开展反极端主义斗争奠定了坚实基础。

（二）形成了以反恐法制为核心的安全合作法律体系

消除非传统安全威胁，维护地区的和平与稳定，是上海合作组织安全合作的首要目标，而打击“三股势力”则是实现上述目标的主要手段。各项非传统安全威胁中，恐怖主义是严重危害地区和平稳定，造成部分成员国局势不稳、社会动荡的元凶首恶，而其他非传统安全威胁如毒品犯罪、非法买卖武器犯罪等不过是基于其与恐怖主义的共生性而衍生出来的不法活动，因此，消灭了恐怖主义就等于掐断了其他非传统安全威胁的根源。基于这种情势，上海合作组织安全合作法律机制主要围绕反恐主题而构建，形成了以反恐刑事法和军事法为核心，以国际条约及国内法为主要渊源，兼具实体法与程序法的综合性法律体系。这一法律体系不仅有追究恐怖犯罪人刑事责任的刑事实体及程序法，还包括专门为成员国举行反恐联合军事演习而量身打造的反恐军事法；既以反恐法律为核心，又重视用于应对其他非传统安全威胁的相关法制的建设；既以国际条约为基础，又有国内法律作保障，为促进成员国之间安全合作规范化、法制化提供了有效的法律保障。

（三）提高了成员国依法联合反恐执行能力

上海合作组织有秘书处和地区反恐机构两个常设机构，《上海合作组织宪章》《上海合作组织关于地区反恐机构协定》等法律文件中规定了两个机构的职能。在这两个机构的协助下，上海合作组织各成员国为北京奥运会、上海世博会、俄罗斯纪念卫国战争胜利 65 周年庆典等大型活动的成功举办提供了安全保障。另外，在依法定期举行的军事演习中，成员国之间相互配合，提高了联合行动能力。如自成立以来，上海合作组织举行了“和平使命”“天山”等系列军事演习，内容主要是涉恐和反恐行动信息交流、特种作战方法的训练、指挥模式的兼容等。通过联合反恐演习行动，成员国之间的合作能力不断加强，相互配合以及协调作战能力都在很大程度上得到了提升，有利于各国武装力量在反恐实战行动中相互配合，提升作战效率。组织联合反恐军事演习，是上海合作组织安全合作的重要形式。联合军事演习从一个侧面展示了上海合作组织打击“三股势力”的能力和防务安全领域合作的广度和深度，表明上海合作组织成员国的防务安全领域合作在不断增强，以更广阔的视野，更有效的行为，共同应对新威胁与新挑战。联合军演涉及到一系列法律问题。如联合军演要求不同国家的军队联合行动，这就涉及到各国武装力量应遵循何种程序才能在合法状态下协同指挥及作战。为了参加演习，成员国的武装部队必须采取跨境军事行动，这就产生了外国军队在演习所在国的法律地位问题，以及外国军队应在什么法律指导下开展军事行动的问题等。为了解决成员国联合军事行动带来的法律问题，各国在组织框架下签定了一系列军事反恐协议，包括《上海合作组织成员国组织和举行联合反恐演习的程序协定》《关于在上海合作组织成员国境内组织和举行联合反恐行动的程序协定》《上海合作组织成员国关于举行联合军事演习的协定》等。此外，成员国国防部长会议也多次发表联合公报，就军事反恐问题阐述成员国的立场。这些条约和联合公报在为联合反恐军事演习提供法律保障的同时，也给上海合作组织安全合作法律机制涂上了浓重的军事色彩。

（四）有效实现国际法国内法转化

国际反恐公约的内容被国内化是中亚反恐法律的另一个显著特点。“条约必须遵守”原则是国际法加给每个国家的义务，具体实施为国家通过自己的立法程序通过该国已签署的国际条约，以实现和国内法相同的效力。《上海合作组织反恐怖主义公约》中将许多种类的恐怖行为认定为刑事犯罪，就是希望通过国内法的转化，进而追究恐怖分子的个人刑事责任，以达到对违法者的惩处及对相关人员的威慑，这也正是责任制度设立的目的所在。《上海合作组织反极端主义公约》提出了签约国对极端主义非法犯罪活动追责的明确要求，使国际法与各国国内立法有效衔接。公约明确要求签约国应当采取必要的国内立法措施，追究极端主义非法犯罪活动的责任。包括要求依法追究涉及极端主义非法犯罪活动法人的责任，使国际法与签约国国内法形成一个整体。

四、上海合作组织框架内的中亚地区反恐怖合作法律机制的完善建议

恐怖主义在中亚已经变成一种实实在在的威胁。上海合作组织必须以侧重预防的区域对策来应对这种威胁。这种对策应当包括各种短期和长期举措，既要找到导致恐怖主义蔓延的深层原因，又要发展各成员国预防和打击恐怖主义的能力。就反恐法律机制而言，必须做到：

（一）凝聚共识

中亚反恐安全合作是国际机制理论与中亚地区安全实践相结合的产物，符合国际反恐发展的大势。中亚国家应采取措施，通过转变反恐安全理念，培植地区反恐安全合作的共同利益；本着求同存异、互惠互利、公平坦诚、共谋发展的旨规，建立一套科学、规范、有序、普惠的反恐安全合作制度；在反恐安全认知上完成从片面的反民族分裂主义和反宗教极端主义倾向，向以反“三股势力”为核心的综合反恐安全的转变，在反恐安全意愿上从被动应战转向主动出击、在反恐安全层级上从简单反恐转向综合反恐、在反恐安全程度上从局部反恐转向全方位反恐等，从而演变成高度一致的地区反恐安全共识。增强各国间军事互信，深化双边和多边军事反恐安全对话与协调合作，建立反恐安全合作联动机制等诸多方式，积极加以应对，并造福于各国人民。

上海合作组织的法律文件中一再重申：联合国安全理事会应在国际反恐斗争中发挥主导作用，一切反恐行动应符合《联合国宪章》的宗旨和原则。在国际反恐层面上，与联合国等国际组织建立业务上的伙伴关系有利于充分利用资源，增进任务授权和专长的互补性，促进工作效率的提高和避免工作的重叠。

（二）完善立法

上海合作组织经过18年的发展，目前拥有八个成员国（中华人民共和国、俄罗斯、哈萨克斯坦、吉尔吉斯斯坦、塔吉克斯坦、乌兹别克斯坦、巴基斯坦、印度），四个观察员国（阿富汗、白俄罗斯、伊朗、蒙古国），六个对话伙伴国（阿塞拜疆、亚美尼亚、柬埔寨、尼泊尔、土耳其、斯里兰卡）。近些年来，这些国家与上海合作组织成员国在能源、运输、投资、技术交流等领域展开了密切的合作。然而，在恐怖主义的跨国性质越来越明显的情况下，上海合作组织需要鼓励中亚区域更多的国家参与到上海合作组织的反恐合作中。并且，《上海合作组织反恐怖主义公约》第三十二条已经规定：赞成本公约各项条款的其他国家，经上海合作组织成员国同意并向保存机构交存加入书，可加入本公约。在此法律框架内，更多缔约国的加入，有利于在中亚建立一个巩固的反恐基地，确保恐怖主义分子在中亚无法找到栖身之所。

（三）严格执法

上海合作组织自成立以来，成员国签署了多项反恐法律文书。这些法律文书构成了上海合作组织展开中亚地区区域反恐合作的法律基础，然而恐怖主义犯罪属于涉及国际问题的国内刑法范畴。因此，将恐怖主义分子绳之于法，是各国刑事司法系统的责任。各国在批准普遍文书之后，必须在全面审查现行国内法的基础上将这些义务纳入立法。这样做不仅是有效实施反恐措施所必须的，也是建立法律基础以指导司法从业人员的工作所必需的。如果没有充分履行这一职责的国内能力，区域反恐斗争肯定是要失败的。上海合作组织内部，由于成员国国内经济发展、政治体制等不同，法制建设的脚步在一定程度上被拖慢了。上海合作组织应成立专门的协调机构，定期对成员国落实反恐法律文书的状况进行评估。为落实效率差的成员国提供专门的技术援助，提高成员国的履约能力，协助成员国建立一个以法治为基础、能运作、能有效打击恐怖主义的国家刑事司法系统。中亚国家不仅应该注重加强自己的反恐法律建设，构建以反对极端主义、分裂主义和恐怖主义为内容的反恐法律体系，还应积极与国际社会达成一致。在反恐法中，中亚国家应根据所缔结的国际公约或国际法原则制定本国的反恐法，根据自己国家恐怖犯罪的特点将国际反恐公约的内容转化为国内法加以适用。

有效应对恐怖主义需要有一个包括审判机关、检察部门、警察部门、辩护律师等在内的综合性司法系统。司法从业人员的素质，决定了这些机构的反恐能力和效率。上海合作组织可以在地区反恐机构的基础上，结合中亚恐怖主义活动的情况，为成员国编制专门的出版物，也可以为成员国的司法从业人员开发一门全面的法律培训课程。这种课程可以是实地教学，也可以利用网络授课。通过这些课程的培训，促进司法从业人员掌握专门的反恐法律知识。此外，上海合作组织也可以在《上海合作组织反恐怖主义公约》的框架下，鼓励和协调成员国在侦查跨国恐怖主义犯罪时，组成联合侦查小组。这种侦查小组虽然在某些情况下，可能会涉及政治或其他敏感性问题，但好处也是显而易见的：一方面，避免了恐怖主义分子在不同国家的情报和侦查系统中寻找漏洞，逃避法律制裁。另一方面，克服了从东道国获取情报、证人和证据所遇到的文化和语言障碍。在反恐安全合作的培训上，综合运用培训、侦察、预防三位一体的手段，不断对各国反恐专家进行培训和再培训，强化执行反恐快速侦查行动，协商一致地预防、查明和惩治本国或针对其他各方实施的恐怖主义行为等，以渐次提高各国反恐安全一致行动的效率。在反恐安全合作的信息交流上，通过反恐信息的共享机制，建立地区反恐信息安全综合保障体系，扩大各国间反恐安全合作的信息交流，构建和平、安全、开放、合作的网络空间，加强各国信息安全综合保障体系的合作，逐步提升该组织反恐安全合作一致行动的水平。在反恐安全合作的社会动员上，组织动员各国民间组织和社会团体等社会力量打击非法传播和宣传恐怖主义思想的社会组织及个人，并广泛吸纳依法从事社会活动的传统宗教组织、教育、科学、媒体、社会和非政府机构参与反恐，注重加强公民教育，以便“更好促进整个区域的社会交流和价值观的趋同，打造以社会信任为特征的民间社会”，为上海合作组织反恐安全合作营造良好的社会氛围。

第六章　上海合作组织框架内的中国与吉尔吉斯斯坦反恐怖合作

一、上海合作组织视域下的吉尔吉斯斯坦

（一）吉尔吉斯斯坦概况

吉尔吉斯斯坦位于中亚东北部，国土面积 19.85 万平方千米。吉尔吉斯斯坦是中国西部的友好近邻，两国拥有 1100 多千米的边境线。历史上，吉尔吉斯斯坦就与中国渊源颇深，汉代史书中已经有相关记载。中吉两国山水相连，两国人民友好交往、和睦相处。早在 2000 多年前，“丝绸之路”就是两国人民互通有无的桥梁和纽带。现在，吉尔吉斯斯坦又成为了“一带一路”倡议的重要节点。吉尔吉斯斯坦是上海合作组织成员，中吉两国在政治、经济、科技、文化等诸多领域的合作卓有成效。①

公元前 3 世纪就已有关于吉尔吉斯斯坦的文字记载。6—13 世纪曾建立吉尔吉斯汗国。15 世纪后半期，吉尔吉斯民族基本形成。16 世纪被迫从叶尼塞河上游迁居至现居住地。19 世纪前半期，属浩罕汗国。19 世纪六七十年代，整个吉尔吉斯被并入沙俄。1917 年 11 月至 1918 年 6 月建立苏维埃政权。1924 年 10 月 14 日成立卡拉吉尔吉斯自治州，属俄罗斯联邦，1926 年 2 月 1 日改为吉尔吉斯

---

① 姜振军、王彩霞、常玮娜编：《吉尔吉斯斯坦》，大连海事大学出版社 2018 年版，第 1 页。

自治共和国。1936 年 12 月 5 日成立吉尔吉斯苏维埃社会主义共和国，加入苏联。

吉尔吉斯斯坦是一个年轻的国家。1991 年 8 月 31 日，吉尔吉斯斯坦宣布独立，成为享有主权的民主共和国。1991 年 12 月 21 日，吉尔吉斯斯坦作为创始国之一加入独联体。1991 年 12 月 25 日，苏联正式解体。自此，吉尔吉斯斯坦真正地独立了。1993 年 5 月 5 日，吉尔吉斯斯坦议会通过独立后第一部宪法，规定吉尔吉斯斯坦是建立在法制、世俗国家基础上的享有主权的单一制民主共和国，实行立法、司法、行政三权分立，总统为国家元首。①

吉尔吉斯斯坦有 80 多个民族，人数最多的是吉尔吉斯斯坦的主体民族——吉尔吉斯族，其人口占全国人口的 72.8%，除此之外，在吉尔吉斯斯坦还生活着乌兹别克、俄罗斯、东干、维吾尔、塔吉克、土耳其、哈萨克、鞑靼和乌克兰等民族。生活在吉尔吉斯斯坦的各个民族在人口、语言、宗教、文化、传统和习俗等方面各不相同。②

（二）吉尔吉斯斯坦与上海合作组织

1. “上海五国”阶段

独立初期的吉尔吉斯斯坦面临与中亚邻国共同的发展困境。出于国家稳定的需求，吉尔吉斯斯坦对于“上海五国”总体持积极态度，且主要聚焦于安全领域。阿卡耶夫总统参与了从 1996—2001 年的历次元首会晤，于 1996 年和 1997 年签署了两份协定。1999 年，五国元首在比什凯克举行第四次元首峰会。这次峰会上，五国领导人一致同意建立“比什凯克小组”，决定在比什凯克成立反恐

---

① 姜振军、王彩霞、常玮娜编：《吉尔吉斯斯坦》，大连海事大学出版社 2018 年版，第 23 页。

② 姜振军、王彩霞、常玮娜编：《吉尔吉斯斯坦》，大连海事大学出版社 2018 年版，第 66 页。

怖机构，以维护中亚地区的安全和稳定。①

2．上海合作组织初创阶段

2001 年，阿卡耶夫访问中国并出席上海合作组织第一次元首会晤。他认为，中亚地区泛滥一时的国际恐怖活动在上海合作组织各国的联合打击下会大大收敛，中亚地区安全与稳定将进一步加强。在 2003 年的莫斯科峰会上，吉尔吉斯斯坦提出关于建立上海合作组织投资论坛和投资基金的建议。但由于当时条件并不具备，且上海仍处于建章立制的阶段，该提议并未得到全体成员国的一致认可。②

3．上海合作组织发展阶段

吉尔吉斯斯坦十分看重上海合作组织在维护安全方面的作用，积极参与上海合作组织范围内的安全与军事合作，如上海合作组织框架下的"和平使命"系列军事演习及中、俄、吉三国"东方"系列军事演习。2003 年 8 月，中、俄、哈、吉四国军队举行了上海合作组织首次多边联合反恐演习。2015 年 4 月 21 日至 25 日，在吉尔吉斯斯坦楚河州托克马克市举行了上海合作组织成员国特种兵反恐演习。来自中国、俄罗斯、哈萨克斯坦、吉尔吉斯斯坦和塔吉克斯坦的特种兵参加了在山地条件下的反恐协同行动。上海合作组织的反恐中心设在吉尔吉斯斯坦首都比什凯克。上海合作组织各成员国军队定期举行联合反恐军事演习，已成为防务安全领域合作的重要内容。在 2014 年上海合作组织杜尚别峰会上，吉尔吉斯斯坦提出制定并签署中亚国家加强边界地区互信双边协议的倡议。吉尔吉斯斯坦与哈萨克斯坦签署并批准了这一协议。吉尔吉斯斯坦曾经主办过 2007 年和 2013 年峰会。在 2007 年第 7 次上海合作组织峰会上，成员国签署了《上海合作组织成员国长期睦邻友好合作条约》和

---

① 中国上海合作组织国家研究中心编著：《上海合作组织：回眸与前瞻（2001—2018）》，世界知识出版社 2018 年版，第 104—105 页。

② 中国上海合作组织国家研究中心编著：《上海合作组织：回眸与前瞻（2001—2018）》，世界知识出版社 2018 年版，第 110 页。

《上海合作组织成员国政府间文化合作协定》。2013 年峰会上，成员国批准了《上海合作组织长期睦邻友好条约 2013—2017 年行动计划》和《上海合作组织成员国科技合作协定》等。①

“上海合作组织成立 15 年以来，在很大程度上实现了其宪章提出的诸多目标和任务，包括确保安全，打击恐怖主义、分裂主义和极端主义，应对其他全球性挑战和威胁，并在上海合作组织成员国间的经济和人文合作方面取得了非常积极的进展。”伊马纳利耶夫在书中写道。②

二、吉尔吉斯斯坦的恐怖主义犯罪：现状、原因与对策

（一）吉尔吉斯斯坦恐怖主义犯罪的现状

1. 恐怖主义溯源

从 20 世纪 90 年代初开始，吉尔吉斯斯坦政府开始打击南部边界的恐怖主义活动。③ 吉尔吉斯斯坦发生的主要恐怖袭击事件包括：1998 年 6 月，“东突厥斯坦解放组织”在奥什州制造爆炸。1999 年 8 月，吉尔吉斯斯坦南部发生“巴特肯认知事件”，起因是乌兹别克斯坦伊斯兰运动的武装分子想从塔吉克斯坦去乌兹别克斯坦，有“东突”分子参与，共绑架 4 名日本科学家和内务部队高级军官。2000 年 3 月，吉尔吉斯共和国维吾尔协会主席尼和买提 · 波扎科夫被“维吾尔斯坦解放组织”暗杀。2002 年 6 月中国驻吉尔吉斯斯坦

---

① 中国上海合作组织国家研究中心编著：《上海合作组织：回眸与前瞻（2001—2018）》，世界知识出版社，2018 年版，第 119—120 页。

② ［吉尔吉斯斯坦］穆 · 桑 · 伊马纳利耶夫著，李琰译：《欧亚地区是实现构建人类命运共同体理念的文明空间》，载戚振宏编著：《上海合作组织命运共同体建设：机遇和挑战（2020）》，世界知识出版社 2020 年版，第 23 页。

③ 姜振军、王彩霞、常玮娜编：《吉尔吉斯斯坦》，大连海事大学出版社 2018 年版，第 23 页。

共和国大使馆外交官王建平及其司机遭“东突”恐怖组织枪杀。2003 年 3 月“东突”恐怖分子在吉尔吉斯斯坦纳伦地区袭击了比什凯克至中国新疆的客车，造成 21 名乘客遇难。2009 年 7 月 19 日在吉尔吉斯斯坦南部和首府比什凯克发生的恐怖活动是由持不同国籍护照的 18 名嫌犯实施的。2010 年 11 月 30 日，吉尔吉斯斯坦比什凯克市体育宫发生爆炸，导致 2 名权利保护机构工作人员罹难。2010 年 12 月 24 日，吉尔吉斯斯坦索库洛克镇发生武装袭击。2010 年 12 月 25 日，吉尔吉斯斯坦比什凯克市国家内务管理局楼旁发生连环爆炸，2 名公务人员罹难。2011 年 1 月 5 日，吉尔吉斯斯坦比什凯克市发生袭警暗杀事件，3 名警务人员在身份证件检查中被袭击。①

2. 恐怖主义特征

第一，国际恐怖势力威胁严峻。2009 年 2 月吉尔吉斯斯坦出台的《国家安全构想》指出，其面临的外部威胁包括“国际恐怖主义和宗教极端主义的规模扩大”。② 例如，在 2016 年 8 月中国驻吉尔吉斯斯坦使馆遭遇袭击事件中，主要策划和实施者来自中东“努斯拉阵线”和中亚恐怖分子。③ 目前，“伊斯兰国”是对吉尔吉斯斯坦安全构成最严重威胁的国际恐怖组织之一。近年来，“伊斯兰国”从中东地区向全球溢散，南亚、中亚是其移转的重点方向。“伊斯兰国”在阿富汗巩固势力，并且加强向欧亚国家渗透。“伊斯兰国”在阿富汗的主要意图是巩固地盘后向周边扩大势力范围，建立“呼罗珊分支”。“伊斯兰国”在阿富汗各地建立训练营，以北部为基

---

① 李琪：《历史记忆与现实侧观：中亚研究》，中国社会科学出版社 2016 年版，第 92—93 页。

② 吴宏伟主编：《中亚安全与稳定研究》，社会科学文献出版社 2017 年版，第 207 页。

③ 苏畅：《上海合作组织积极应对地区安全挑战》，载李进峰主编：《上海合作组织发展报告・2019》，社会科学文献出版社 2019 年版，第 149 页。

地，向中亚国家境内不断渗入。[1] 2021 年 8 月，吉尔吉斯斯坦国家安全委员会抓获一名“伊斯兰国”组织成员。吉尔吉斯斯坦国家安全委员会调查发现，该男子在“伊斯兰国”的协调下从宗教地区积极招募新成员，目的是将其送往武装冲突地区。

第二，宗教极端主义思潮蔓延。极端主义是恐怖主义的思想根源。宗教极端主义是对宗教的歪曲诠释，构成了宗教极端型恐怖组织的意识形态与暴力依据。暴恐团伙或极端组织通常利用宣扬极端主义来招募成员、挑拨社会与政府矛盾以及煽动暴恐活动。在吉尔吉斯斯坦，极端主义犯罪及其危害不容忽视。据吉尔吉斯斯坦内政部负责人表示，仅 2014 年上半年吉尔吉斯斯坦就查处了 181 起宗教极端主义犯罪案件，逮捕了 145 名极端分子并没收了 5000 多分宗教极端主义宣传材料。在调查过程中发现，吉尔吉斯斯坦有近 80 名宗教极端分子加入了叙利亚非法武装组织，其中包括 10 名女性。2015 年 1 月 26 日，吉尔吉斯斯坦国家安全委员会在奥什州的一项搜捕行动中抓获了 6 名恐怖分子、1700 多发不同口径的子弹、面罩和刀具等工具。在被抓捕的 6 名恐怖分子中有 4 人曾在叙利亚国际恐怖组织训练营接受过培训。[2] 我国学者指出，吉尔吉斯斯坦南部地区宗教极端组织活动比较活跃，“乌伊运”残余势力、“伊斯兰解放党”等宗教极端组织经常制造事端，暴恐事件易发、多发。[3]

极端主义“偏爱”青年人。当前存在极端主义组织成员积极蛊惑年轻一代的严峻问题，青少年可能会被激进分子招揽。据吉尔吉斯斯坦伊斯兰学研究所的民调结果显示，到 2019 年 2 月，吉尔吉斯斯坦 28 岁以下的青年中，有 33.33% 的人认可伊斯兰教宗教法作为

---

① 苏畅：《上海合作组织安全合作：新挑战、新内容、新方向》，载李进峰主编：《上海合作组织发展报告 · 2020》，社会科学文献出版社 2020 年版，第 121 页。

② 阿地力江 · 阿布来提、古丽阿扎提 · 吐尔逊：《“一带一路”沿线国家的恐怖主义风险评估及其防范措施》，载严励、岳平主编：《犯罪学论坛》（第四卷），中国法制出版社 2018 年版，第 288 页。

③ 王仓、孟楠：《“一带一路”倡议实施中的吉尔吉斯斯坦宗教风险研究》，《世界宗教文化》2020 年第 5 期。

国家的基本大法，同时也支持有宗教背景的总统候选人。[①]

第三，外国恐怖战斗人员的回流。曾盘踞于伊拉克和叙利亚的“伊斯兰国”在受到国际反恐联盟重创后转移、溃散而形成的外国恐怖战斗人员回流给全球安全与稳定带来了颇为棘手的难题。“伊斯兰国”恐怖势力虽然遭受了严重的军事打击，但该组织中的中亚和高加索武装分子回流、极端思想扩散等问题仍然十分突出，在中亚、高加索、南亚等地区支持“暴力圣战”的青年激进分子增多。俄罗斯—中亚—南亚极端主义流通路线进一步成型。[②] 2019 年 6 月，吉尔吉斯斯坦国家安全委员会主席萨金巴耶夫在欧亚经济联盟国家比什凯克反恐论坛第三次会议中指出，目前极端组织非常活跃，回流风险进一步上升。残存的外国恐怖战斗人员回流，将给本国带来严重的安全威胁：其一，回流人员在本国传播极端思想、传授犯罪手段、组建本土恐怖团伙。其二，回流人员可能在本国直接参与、策划或实施恐怖袭击事件。其三，回流人员一旦被本国安全部门逮捕并接受审判，对回流人员的犯罪矫治将面临严重挑战，甚至监狱内存在极端主义的“交叉感染”的风险。

3．典型恐怖组织

“伊斯兰解放党”，主要由生活在吉尔吉斯斯坦南部的乌兹别克人构成。“伊斯兰解放党”的政治意图日益明显，并常常在各种场合中阐明自己的政治纲领，一些高层成员甚至能对执政当局施加某些影响。

2010 年在吉尔吉斯斯坦正式成立的“公正统治军”招募青年，号召武力圣战。该组织在 2010 年 9 月至 2011 年 1 月实施了 7 次恐怖事件。

此外，吉尔吉斯斯坦出现过的极端组织或恐怖组织包括“伊斯

① 苏畅：《上海合作组织积极应对地区安全挑战》，载李进峰主编：《上海合作组织发展报告・2019》，社会科学文献出版社 2019 年版，第 149 页。

② 苏畅：《上海合作组织积极应对地区安全挑战》，载李进峰主编：《上海合作组织发展报告・2019》，社会科学文献出版社 2019 年版，第 147 页。

兰发展中心”“忏悔”组织与“泰比力克－贾马提运动”等。

（二）吉尔吉斯斯坦恐怖主义犯罪的原因

1．政治因素

首先，吉尔吉斯斯坦政治环境不稳定，易于为恐怖主义提供可趁之机。“独立后吉尔吉斯斯坦的发展之所以举步维艰，一个重要原因就是政局不稳。由于自身羸弱，加之外部势力竞相介入并竭力施加影响，吉政局一直在动荡与脆弱稳定之间摇摆，且多数时候处于动荡状态。”① 吉尔吉斯斯坦国内社会政治形势仍然十分复杂。

其次，吉尔吉斯斯坦存在腐败问题，既纵容了恐怖组织的发展，也会给恐怖分子反对政府提供口实。吉尔吉斯斯坦执法人员工资低，国家经济形势较差，加之监管力度薄弱，导致腐败问题层出不穷，曾发生吉执法人员收受贿赂导致涉毒犯罪分子逃脱惩罚的案例。②

最后，吉尔吉斯斯坦对枪支管控不严，加剧了恐怖主义威胁。2010 年吉尔吉斯斯坦大规模的政治骚乱和后续的民族冲突等政治事件的发生，为小武器和轻武器的扩散滥用提供了肥沃的土壤。据吉尔吉斯斯坦国家安全委员会报告，仅 2011 年上半年内务中心军械库就丢失了 84 件武器。当地黑社会直接从警察手中购买手枪和自动步枪。2011 年吉尔吉斯斯坦民间购买的武器达到 2.2 万件。③ 枪支管控不严导致吉尔吉斯斯坦国内社会治安状况欠佳。

2．社会因素

其一，部族冲突问题。在中亚地区，构建权力阶层时以部族利益为出发点搭建管理体系，使社会群体的冲突日渐突出。吉尔吉斯

---

① 刘锦玉：《进路·困境·反思：疫情视角下中亚地区的国家治理：以吉尔吉斯斯坦为例》，《西伯利亚研究》2021 年第 2 期。

② 李昕玮：《上海合作组织在打击毒品犯罪领域的合作：现状与前景》，载李进峰主编：《上海合作组织发展报告·2020》，社会科学文献出版社 2020 年版，第 132 页。

③ 李琪：《历史记忆与现实侧观：中亚研究》，中国社会科学出版社 2016 年版，第 88 页。

斯坦历来部族矛盾十分尖锐。独立 20 年以来其两次发生政变和暴乱主要源于此因。“爱国主义在吉尔吉斯人的传统观念中多半是与‘自己的’部族和地域联系在一起的。传统的政治冲突也因此以地区性的部族冲突的形式表现出来。在吉尔吉斯斯坦，部族认同时常高于对民族和国家的认同，部族成员往往以本部族的利益为中心，致使国家和社会因各地部族之争而陷入动荡。”[①] 例如，吉尔吉斯人与乌兹别克人、吉尔吉斯人与维吾尔人、吉尔吉斯人与东干人的冲突时有发生。如果国内民族（部族）、社会群体分层继续扩大，矛盾冲突不断加剧，进一步升级后很可能向恐怖主义转型。所以，推行各民族和不同社会群体政治、经济、文化权利的平等，减少贫困，逐步消除不同社会群体之间差异，消解民族（部族）间矛盾，促进民族融合、社会均衡是国家政治稳定和地区安全的重要途径。[②]

其二，吉尔吉斯斯坦面临着国家人口急剧增长、贫困化日益加剧、失业率居高不下等社会问题，从而激起国民不满情绪愈演愈烈。[③] 吉尔吉斯斯坦的“绝对贫困”问题与“相对贫困”问题都较为严重。其绝对贫困程度与国家经济实力整体较弱有关，其相对贫困问题特别是贫富差距扩大趋势十分明显，既体现在城市与农村之间，也体现在经济中心区域与边远区域之间，还体现在不同人群之间。[④] 2012 年 4 月，联合国全球食品项目代表称，吉尔吉斯斯坦有 18% 的居民食品不足，食品价格上涨导致贫困居民不得不减少食物的摄取。[⑤] 2020 年，吉尔吉斯斯坦贫困水平近年来首次上升。2019

---

① 吴宏伟主编：《中亚安全与稳定研究》，社会科学文献出版社 2017 年版，第 77 页。

② 李琪：《历史记忆与现实侧观：中亚研究》，中国社会科学出版社 2016 年版，第 97—98 页。

③ 李琪：《历史记忆与现实侧观：中亚研究》，中国社会科学出版社 2016 年版，第 99 页。

④ 吴宏伟主编：《中亚安全与稳定研究》，社会科学文献出版社 2017 年版，第 128 页。

⑤ 吴宏伟主编：《中亚安全与稳定研究》，社会科学文献出版社 2017 年版，第 13 页。

年有20.1%的人口处于贫困线以下，2020年则达到25.3%，即近170万人。[①] 社会矛盾激化为恐怖主义、极端主义提供了良好的“催化剂”。例如，吉尔吉斯斯坦“伊斯兰解放党”的支持者在持续增多，恰因为“当社会、经济、政治和精神等各方面情况不尽如人意时，宗教激进主义的传播就会继续扩大”。[②]

3. 国际因素

第一，中东地区宗教极端主义的影响。“中亚国家总体上对宗教持开放的态度，与伊斯兰国家的联系越来越密切，但随着前往中东地区从事宗教学习和宗教活动以及商业活动人员的大量增加，特别是互联网的普及以及中东一些国家对外输出本国宗教意识形态，来自中东地区的宗教极端思想在中亚传播速度也在不断加快，传播范围不断扩大，极端势力和恐怖组织活动越来越猖獗，恐怖活动和恐怖案件大幅增加，就连过去较为平静的地区也接二连三发生恐怖袭击和暴力事件。”[③] 在吉尔吉斯斯坦，由中东传来的萨拉菲主义的影响不可忽视。在萨拉菲思想基础上衍生出的极端组织和恐怖组织，除了在中东，还在与中亚相邻的巴基斯坦和阿富汗活动，这些组织以破坏国家安全统一、挑起宗派仇恨为主要目标和手段，杀伤力强，影响恶劣，如果它们与中亚的宗教极端势力合作，将给地区安全带来新的挑战。[④]

第二，南亚地区的毒品犯罪的作用。毒品问题与极端主义、恐怖主义相牵连、相促发。“毒品犯罪与恐怖组织等武装组织活动相

---

① 《吉尔吉斯斯坦“消贫”了吗?》，《丝路新观察》2021年11月2日，https://mp.weixin.qq.com/s/mQfevLZ-kLS0_AcNtWi8GQ。

② 吴宏伟主编：《中亚安全与稳定研究》，社会科学文献出版社2017年版，第9页。

③ 吴宏伟主编：《中亚安全与稳定研究》，社会科学文献出版社2017年版，第196页。

④ 吴宏伟主编：《中亚安全与稳定研究》，社会科学文献出版社2017年版，第10—11页。

互合作、相互交织是中亚和南亚地区毒品犯罪的重要特征。”[①] 阿富汗毒品的流向渠道已形成两条重要专线。其一，巴尔干路线：阿富汗—伊朗—土耳其—巴尔干—西欧；其二，北线：阿富汗—中亚（塔吉克斯坦、吉尔吉斯斯坦、乌兹别克斯坦、哈萨克斯坦）—俄罗斯—欧洲。塔吉克斯坦与阿富汗的边境线长达1344千米，是阿富汗毒品流入的第一站。由于塔吉克斯坦与吉尔吉斯斯坦之间870千米边境线有三分之二尚未正式划界，故防护设施极其薄弱，处于边境地区的奥什成为贩毒团伙的大本营。[②] 毒品犯罪与恐怖主义犯罪的关系表现为：其一，毒品犯罪阻碍社会经济发展，从而为恐怖主义、极端主义的煽动提供社会“温床”。[③] 其二，贩毒集团为了保护自己的非法利益，希望在特定区域形成巨大影响力，可能与恐怖组织合流。部分大毒枭甚至希望通过非法手段、恐怖暴力方法谋求控制国家权力，影响政权，导致贩毒集团蜕变为恐怖组织。

第三，阿富汗带来的安全挑战。阿富汗与中亚地区山水相连，很多地方与邻国以河为界，为恐怖组织来往于阿富汗和中亚国家提供了便利条件。中亚与阿富汗不但有漫长的边界线，而且有不少民族跨界而居。中亚国家经济和军事实力有限，无法建立有效的安全防线。阿富汗长期战乱，军阀割据，成为国际恐怖组织安营扎寨、传播极端思想和训练骨干的理想场所。一些针对中亚国家的恐怖组织在此设立训练营地，并以阿富汗为基地向中亚渗透，从而给中亚国家造成越来越大的安全压力。[④]

① 李昕玮：《上海合作组织在打击毒品犯罪领域的合作：现状与前景》，载李进峰主编：《上海合作组织发展报告·2020》，社会科学文献出版社2020年版，第130页。

② 李琪：《历史记忆与现实侧观：中亚研究》，中国社会科学出版社2016年版，第91页。

③ 吴宏伟主编：《中亚安全与稳定研究》，社会科学文献出版社2017年版，第7页。

④ 吴宏伟主编：《中亚安全与稳定研究》，社会科学文献出版社2017年版，第203页。

（三）吉尔吉斯斯坦恐怖主义犯罪的对策

1. 反恐怖主义立法

1999年10月21日出台的吉尔吉斯斯坦《反恐怖主义法》主要规定了立法宗旨、基本概念、反恐机关及其任务、反恐局机关间的协作、恐怖主义活动的预防、揭露和制止、反恐保障措施等。[①]

第一，立法目的。第一条指出："本法律的制定是为了确定反恐斗争的组织和权力基础，明确各反恐机构协调行动的程序。"

第二，基本概念。《反恐怖主义法》将恐怖主义定义为"是指进行危害人类甚至造成人员伤亡，后果十分严重，社会危害性巨大的爆炸、纵火或其他类似活动；企图破坏社会稳定、削弱或推翻现政权，进而恐吓或逼迫居民、国家机关、国际组织和其他组织遂行或不遂行某种行为，或为实现上述目的而采取的各种威胁手段"。

第三，反恐斗争的主体及其任务和协作。一是反恐斗争的主体。根据《反恐怖主义法》，反恐斗争的主体是指吉尔吉斯斯坦担负着保障国家免遭恐怖分子破坏的职能，并通过立法、审判和执行机关遂行此职能。其中，吉尔吉斯斯坦安全总局是与恐怖主义进行直接斗争的机关，又被称为"直接反恐机关"。同时，参与反恐斗争的机关还包括内务部、国防部、司法部、国家保卫局和国民警卫队。除此以外，其他各部委、行政部门、机构、单位、组织及公民负有反恐怖协助义务，即上述组织和人员"应尽其所能依法与执行任务的反恐机关给与协作或帮助"。二是直接反恐机关的任务。吉尔吉斯斯坦安全总局及其下属单位在国际条约和协议基础上与国际恐怖主义做斗争；保障参与反恐的国家涉密机构、企业、组织、公民在境内外的安全；搜集有关恐怖组织的政治、经济等情报。三是参与反恐斗争的机关的任务。内务部及其下属单位与恐怖组织和恐怖分

---

① 赵秉志等编译：《外国最新反恐法选编》，中国法制出版社2008年版，第379—382页。

子进行的危害社会安全的活动（包括刑事犯罪）作斗争；国家保卫局和国民警卫队负责共同保障吉尔吉斯斯坦高级领导人以及访吉的外国国家和政府首脑的安全；国防部负责保障部队、武器装备、国防部财产免受恐怖分子袭扰；司法部负责对社会各机构的注册、活动目的、机构章程及章程执行情况等进行审查监督。四是反恐机关的相互协作。吉尔吉斯斯坦以法律形式明确规定各反恐机关进行协作的原则和方式。反恐机关与外国反恐机关在双边或多边国际协议及反恐机关之间协议的基础上进行协作，并可根据协议精神对外国强力部门提出的协议中未明确的协助要求进行有关审讯工作。

第四，恐怖主义活动的预防、揭露和制止。一是恐怖主义活动的预防。在吉尔吉斯斯坦境内禁止恐怖组织成立、登记和运行；禁止宣传恐怖主义；禁止恐怖主义活动参与者和嫌疑人出入境或经过吉尔吉斯斯坦国境。为积累和总结有关预防恐怖主义活动的研究成果，制定科学有效的反恐措施，在吉尔吉斯斯坦国家安全总局建立跨部门反恐信息库。所有担负反恐任务的机关应向国家安全总局转交所有关于恐怖主义活动的情报。二是恐怖主义活动的揭露。为揭露恐怖主义活动，吉尔吉斯斯坦反恐机关可以运用法律规定范围内的一切力量、手段和措施。吉尔吉斯斯坦公民应履行公民义务，协助反恐斗争并向有关机关报告恐怖主义活动的信息。国家各部委、行政部门、单位、企业和组织有义务随时向国家安全总局通报有关恐怖主义的动向性情报。对向强力部门提供情报，强力部门据此抓获或起诉恐怖分子，预防和制止恐怖进攻的个人制定奖励办法，并对他们的行为保密。三是恐怖主义活动的制止。在制止恐怖主义活动或进攻时应采取吉尔吉斯斯坦法律规定的专业手段，直至彻底消灭恐怖分子。

第五，刑事责任及免除。根据吉尔吉斯斯坦刑法，恐怖主义行动参与者负有刑事责任。如果恐怖主义活动参与者在计划进行恐怖主义活动时，及时同政权机关预先报告恐怖主义活动计划，或者采用其他办法制止恐怖主义活动的发生，并且未参与其他犯罪活动，则可以免除刑事责任。

第六，保障措施。一是对反恐行动参与者及其家属的特殊保护。在吉尔吉斯斯坦反恐机关业务部门工作的人员工龄一年算一年半，津贴增加50%；在高原或相当于高原地区工作者津贴增加100%，职务工资增加50%。在职反恐机关工作人员及其家属可依法享有损失补偿。二是反恐斗争参与者的保护办法。吉尔吉斯斯坦反恐机关业务部门工作人员及协助吉尔吉斯斯坦反恐工作的人员为国家利益而使自身生命和财产受到威胁时，政府应按其要求改变个人的背景资料、居住地、工作地并进行整形手术。三是国家反恐机关工作人员损失补偿办法。吉尔吉斯斯坦反恐机关工作人员在遂行任务时，身体遭受损伤，由国家财政给与全部经费补偿，并向损失制造者追缴。吉尔吉斯斯坦反恐机关工作人员在遂行任务时身体遭受损害而不能继续工作时，由国家财政一次性发给相当于其15年薪金的现金补助。吉尔吉斯斯坦反恐机关工作人员在遂行任务时牺牲，或在执行任务期间受伤、得病致死，由国家财政一次性补助其家庭和抚养人相当于其20年薪金的现金。吉尔吉斯斯坦反恐机关工作人员在遂行任务时牺牲、遭受财产损失及健康和生活损害的证明材料由反恐机关出具。

吉尔吉斯斯坦1999年《反恐怖主义法》的特点包括：其一，立法简练、概括。《反恐怖主义法》全文共15条，但涵盖了基本概念、反恐机关、反恐策略与保障措施等反恐怖法的主要内容。《反恐怖主义法》仅对恐怖主义作了界定。而其他国家的反恐怖立法往往还要对恐怖主义行为、恐怖主义活动、国际恐怖主义、恐怖事件、恐怖分子和恐怖组织等概念作规定。其二，明确规定了吉尔吉斯斯坦的专门反恐机构及其各自任务，以及反恐机构之间相互协作及其法律依据。特别是，《反恐怖主义法》强调专门反恐机构以外的组织和个人负有协助、帮助反恐工作的义务，体现了“人民反恐”的基本路线。其三，为了最大限度打击、分离恐怖组织内部的人员，立法者不仅在《反恐怖主义法》中明示恐怖分子应参与的刑事责任，还规定了责任免除机制。基于法秩序统一性原理，该责任免除规定成为了吉尔吉斯斯坦刑法中设立的恐怖主义犯罪的超法规责任阻却事由。其四，细致、详尽地规定反恐斗争中各类参与者的保护措施，是该反恐法的一大亮点。例如，对于反恐机关业务部门工作人员及协助反恐工作的人员，立法明确规定了诸多保护性措施。通过法制方式规范反恐工作的保障措施，有利于保证反恐目标的顺利实现。“保障措施的法律化必然能够极大地调动起参与反恐工作的人员的内在驱动力与信心，坚定其保卫国家安全与维护人民福祉的伟大信念。”①

2. 遏制极端主义

吉尔吉斯斯坦政府在《打击宗教极端主义的国家计划（2004—2005）》中，制定了打击宗教极端主义的主要策略：一是有效预防宗教极端主义的滋生与发展；二是加强对宗教组织活动的监督；三是巩固和进一步发展打击宗教极端主义的合作；四是建立防止宗教极端主义传播与蔓延的预警系统；五是保持社会的和谐稳定。具体措施包括：一是采取具体方案控制加入宗教组织、教派的人数，尤其是年轻人加入这些组织的数量。二是完善在打击宗教极端主义方面的法律基础。三是控制宗教极端主义的宣传品，制止宗教极端组织的活动。四是加强内务部、地方行政和地方自治管理机构对宗教极端势力的预警工作，并有效防止民族之间发生冲突。五是内务部与国家安全局合作，包括：采取完善的侦查手段，定期交换有关情报，包括在国外活动的中亚宗教极端组织及其领导人和成员的信息，进行煽动宣传的、受到极端组织资助的非政府组织，以及宗教教育机构及其成员的信息；采取综合措施提高对极端主义犯罪的预防能力；通过协调一致的行动来削弱伊斯兰解放党的活动。②

---

① 冯卫国、兰迪、苟震：《反恐怖与去极端化前沿问题探究》，中国政法大学出版社 2018 年版，第 230 页。

② 吴宏伟主编：《中亚安全与稳定研究》，社会科学文献出版社 2017 年版，第 26—27 页。

吉尔吉斯斯坦在2005年颁发了《反极端主义活动法》，在2016年签署了《就反恐和反极端主义相关措施针对吉尔吉斯共和国部分法律进行补充修改法案》。① 吉尔吉斯共和国对原有《社会组织法》进行补充修订，提出并采取一系列措施加强对具有“政治背景”且得到境外资助的“宗教组织”的掌控，对此还成立了“加强监控委员会”。②

3. 反恐军事行动

吉尔吉斯斯坦将国家军事安全所面临的威胁分为内、外两个部分。外部威胁包括“由于邻国和吉尔吉斯斯坦边境地区非法武装集团军事实力的增强，地区稳定可能受到削弱；在中亚及其邻近地区存在着大规模杀伤性武器扩散的危险，并有可能被恐怖组织利用；国际极端组织和恐怖组织实施的旨在破坏吉尔吉斯斯坦防御能力的侦查、破坏和宣传活动”；内部威胁包括“宗教和政治极端主义势力日益猖獗”。③

吉尔吉斯斯坦认为，国内不排除将出现把武装冲突作为解决政治和其他矛盾手段的情况。近些年来，新型的武装冲突与传统威胁并存。在新型的武装冲突中，由恐怖分子组成的非法武装集团成为吉尔吉斯斯坦军队直接的军事对手。吉尔吉斯斯坦按武装力量的用途将其分为一般任务力量、快速展开力量、立即反应力量和国家边防力量。其中，立即反应力量由来自国防部、内务部内卫军、国家安全局、紧急情况部和国民近卫军的机动、满编的特种部队或分队组成，时刻准备在边境地区与边防军协同，执行保卫国家边界、保障其他力量的展开、封锁和消灭国际恐怖分子的任务。立即反应力量可在集体安全条约组织成员国联合快速展开力量内遂行联合反恐

---

① 王仓、孟楠：《“一带一路”倡议实施中的吉尔吉斯斯坦宗教风险研究》，《世界宗教文化》2020年第5期。

② 李琪：《历史记忆与现实侧观：中亚研究》，中国社会科学出版社2016年版，第95页。

③ 姜振军、王彩霞、常玮娜编：《吉尔吉斯斯坦》，大连海事大学出版社2018年版，第48页。

战役的任务，并可在集体安全条约组织中亚地区成员国领土内使用。国家边防力量由边防局的指挥机关和满编的兵团、部队组成，其使命是保卫国家边界安全。根据吉尔吉斯斯坦法律，国家边防力量在立即反应力量的协同下，参与反恐战役、打击武器走私和贩毒、参与平息在边境山区爆发的武装冲突。① 例如，2014 年 1 月 23 日，吉尔吉斯共和国边防军在伊塞克湖州击毙 11 个“东突”恐怖分子。②

由于自身防卫能力有限，吉尔吉斯斯坦广泛参与俄罗斯主导的独联体集体安全体系，并视其为对外军事合作的优先方向。2000 年 3 月，吉尔吉斯斯坦加入独联体联合防空系统。2002 年 5 月，独联体集体安全条约组织成立。条约成员国先后成立了反恐中心和中亚联合快速展开部队，定期举行代号为“独联体南部盾牌”和“南部反恐”等的反恐联合演习。

2017 年 2 月 28 日，俄罗斯总统访问吉尔吉斯斯坦，在两国发表的联合声明中，两国领导人重申了扩大和加强反恐、打击极端主义、打击跨国有组织犯罪以及贩毒等合作的重要性。③

4. 打击恐怖融资

“资金是恐怖主义的氧气和命脉。”④ 打击国际恐怖主义融资需要借助国际合作的力量。吉尔吉斯斯坦与其他国家签订的反洗钱合作协定包括：2000 年 4 月 21 日，哈萨克斯坦、吉尔吉斯斯坦、塔吉克斯坦和乌兹别克斯坦签署了《反恐怖主义、政治和宗教极端主义、跨国有组织犯罪和其他危害各方稳定和安全的恐怖活动采取联

---

① 姜振军、王彩霞、常玮娜编：《吉尔吉斯斯坦》，大连海事大学出版社 2018 年版，第 49—50 页。

② 李琪：《历史记忆与现实侧观：中亚研究》，中国社会科学出版社 2016 年版，第 48 页。

③ 姜振军、王彩霞、常玮娜编：《吉尔吉斯斯坦》，大连海事大学出版社 2018 年版，第 52—54 页。

④ ［美］娜克丝著，陈庆、郭刚毅译：《反恐原理》，金城出版社、社会科学文献出版社 2015 年版，第 238 页。

合行动的条约》，其中第六条明确规定就经济领域、非法融资的犯罪问题开展国际合作。2006 年 12 月 13 日吉尔吉斯斯坦国家金融情报局与白俄罗斯国家监督委员会金融监测局在索契签订的《反洗钱和资助恐怖主义合作协定》，2007 年 6 月 14 日吉尔吉斯国家金融情报局与乌克兰国家金融监测委员会在索契签订的《反洗钱和资助恐怖主义合作备忘录》。2017 年吉尔吉斯斯坦与摩纳哥、巴拿马、以色列签署了有关资助恐怖主义及洗钱信息交流的国际合作协议，建立了反恐融资专门机关。另外，吉尔吉斯斯坦国家金融情报局还与阿富汗伊斯兰共和国金融业务和分析中心、爱沙尼亚中央刑事警察局下属的金融情报局、摩尔多瓦打击经济犯罪和腐败中心、波兰、土耳其、俄罗斯、欧安组织等签订了相关协议。[①]

三、上海合作组织框架内的中吉反恐怖合作

（一）中吉反恐怖合作总览

2014 年 5 月 18 日至 21 日，应中国国家主席习近平的邀请，吉尔吉斯斯坦前总统阿塔姆巴耶夫对中国进行国事访问，并出席在上海举行的亚洲相互协作与信任措施会议第四次峰会。两国元首就进一步深化两国关系做出了战略部署，签署了《中华人民共和国和吉尔吉斯共和国关于进一步深化战略伙伴关系的联合宣言》，见证了安全执法、基础设施建设等领域合作文件的签署。双方表示继续加强在打击“三股势力”、网络反恐等领域的合作，为维护地区和平、安全与稳定做出更大贡献。

2015 年 9 月 2 日，吉尔吉斯斯坦前总统阿塔姆巴耶夫来华出席中国人民抗日战争暨世界反法西斯战争胜利 70 周年纪念活动，与中国国家主席习近平进行了会晤，双方制定《中华人民共和国和吉尔

① 张杰：《论“一带一路”之中亚国家反恐融资合作的问题与出路》，《山东警察学院学报》2019 年第 3 期。

吉斯共和国2015年至2025年合作纲要》，中吉战略伙伴关系得到进一步巩固和充实。中吉双方继续深化经济和安全合作，积极推进能源、交通、农业等领域大项目建设。两国元首共同见证了两国外交部合作纲要及经济技术、地区合作等领域双边合作文件的签署。

2016年11月2日至3日，应吉尔吉斯斯坦总理热恩别科夫的邀请，中国国务院总理李克强对吉尔吉斯斯坦进行正式访问，并出席上海合作组织成员国政府首脑（总理）理事会第十五次会议。双方在友好气氛中就两国关系，政治、经贸、人文、安全等各领域合作以及共同关心的国际和地区问题深入交换意见，并签署了《中华人民共和国政府和吉尔吉斯共和国政府联合公报》，指出："双方将继续支持彼此主权和领土完整，开展安全合作，共同打击包括'东突'恐怖势力在内的'三股势力'，并在涉及彼此核心利益问题上相互支持。双方严厉谴责针对中国驻吉尔吉斯斯坦使馆的恐怖袭击事件，决定加快案件侦破和缉捕工作，尽快将嫌犯绳之以法。中方积极评价吉方为侦破此案采取的措施，支持吉方为巩固中亚安全、稳定和合作所做的努力。"

2019年5月，吉尔吉斯斯坦总统热恩别科夫在比什凯克分别会见了国务委员、公安部部长赵克志和国务委员兼外交部长王毅。2019年5月，中吉政府间合作委员会第十四次会议在比什凯克成功举行，中国商务部部长助理任鸿斌和吉尔吉斯斯坦第一副总理博罗诺夫共同主持会议。2019年6月，国家主席习近平对吉尔吉斯斯坦进行国事访问并出席上海合作组织成员国元首理事会第十九次会议，访问取得圆满成功，将中吉全面战略伙伴关系提升至新高度。

2019年6月11日，在对吉尔吉斯共和国进行国事访问并出席上海合作组织成员国元首理事会第十九次会议前夕，国家主席习近平在吉尔吉斯斯坦《言论报》、"卡巴尔"国家通讯社发表题为《愿中吉友谊之树枝繁叶茂、四季常青》的署名文章。文章中指出："我们愿同吉方加强安全合作，践行共同、综合、合作、可持续的安全观，合力打击'三股势力'、贩毒、跨国有组织犯罪，维护两国人民生命财产安全，共同营造地区和谐稳定的安全环境。”①

2019 年 6 月 13 日公布了《中华人民共和国和吉尔吉斯共和国关于进一步深化全面战略伙伴关系的联合声明》指出：双方强烈谴责和反对一切形式的恐怖主义、极端主义和分裂主义，重申“三股势力”是两国和整个地区安全稳定面临的严重威胁。为共同应对上述威胁和日益严峻的国际和地区安全形势，双方将进一步深化执法安全部门间合作，加强对口部门交流，加大情报信息共享、边境管控、重大活动安保、嫌犯遣返等领域合作，共同打击包括“东突”恐怖势力在内的“三股势力”、对恐怖活动的资助以及将犯罪所得合法化（洗钱）、毒品走私、网络犯罪以及跨国有组织犯罪活动，维护两国和地区安全与稳定。双方愿进一步加强防务领域的务实合作，继续开展团组互访、人员培训、联合演训等领域交流与合作，共同参与上海合作组织框架内多边防务安全领域合作。双方将充分落实中吉共建“一带一路”安全保障联合工作组机制的任务，为达成目标，将在上述机制框架内加强安全保障情报信息交流。

（二）中吉反恐怖合作的法制建设

1. 上海合作组织的多边公约、协定、声明和宣言

具体包括：《打击恐怖主义、分裂主义和极端主义上海公约》《上海合作组织宪章》《上海合作组织成员国关于打击地区反恐怖机构的协定》《上海合作组织成员国合作打击恐怖主义、分裂主义和极端主义构想》《关于查明和切断在上海合作组织成员国境内参与恐怖主义、分裂主义和极端主义活动人员渗透渠道的协定》《上海合作组织成员国打击恐怖主义、分裂主义和极端主义 2007 年至 2009 年合作纲要》《上海合作组织长期睦邻友好合作条约》《关于在上海合作组织成员国境内组织和举行联合反恐行动的程序协定》

① 习近平：《愿中吉友谊之树枝繁叶茂、四季常青》，中华人民共和国中央政府网，2019 年 6 月 11 日，http：//www. gov. cn/gongbao/content/2019/content_ 5404141. htm。

《上海合作组织成员国政府间合作打击非法贩运武器、弹药和爆炸物品的协定》《上海合作组织反恐怖主义公约》《上海合作组织成员国反恐专业人员培训协定》《上海合作组织成员国打击恐怖主义、分裂主义和极端主义2010年至2012年合作纲要》《上海合作组织政府间合作打击犯罪协定》《上海合作组织成员国打击恐怖主义、分裂主义和极端主义2013年至2015年合作纲要》《上海合作组织成员国打击恐怖主义、分裂主义和极端主义2016年至2018年合作纲要》《上海合作组织成员国元首关于共同打击国际恐怖主义的声明》《上海合作组织反极端主义公约》《上海合作组织成员国元首致青年共同寄语》《上海合作组织成员国打击恐怖主义、分裂主义和极端主义2019年至2021年合作纲要》《上海合作组织成员国打击恐怖主义、分裂主义和极端主义2022年至2024年合作纲要》与《上海合作组织二十周年杜尚别宣言》等。

2.《中华人民共和国和吉尔吉斯共和国关于民事和刑事司法协助的条约》

1997年9月26日《中华人民共和国和吉尔吉斯共和国关于民事和刑事司法协助的条约》第三编“刑事司法协助”，第二十二条“协助的范围”：缔约双方应根据请求，在刑事方面相互代为询问证人、被害人、鉴定人，讯问犯罪嫌疑人和被告人；进行搜查、鉴定、勘验以及其他与调查取证有关的诉讼行为；移交物证、书证以及赃款赃物；送达刑事诉讼文书；并通报刑事诉讼结果。第二十三条“送达文书和调查取证”：本条约第十二条至第十五条的规定亦适用于刑事方面的送达文书和调查取证；提出上述请求时，还应在请求书中写明罪名、犯罪事实和有关的法律规定。第二十四条“赃款赃物的移交”：缔约一方应根据缔约另一方的请求，将其在境内发现的、罪犯在缔约另一方境内犯罪时获得的赃款赃物，移交给缔约另一方。但此项移交不得侵害与这些财物有关的第三人的权利；如果上述赃款赃物对被请求的缔约一方境内其他未决刑事案件的审理是必不可少的，被请求的缔约一方可暂缓移交。第二十五条“刑事司法协助的拒绝”：除本条约第六条规定的情形外，如果按照被请求的缔约一方的法律，该项请求涉及的行为不构成犯罪，被请求的缔约一方可以拒绝提供刑事司法协助。第二十六条“刑事诉讼结果的通知”：缔约顺便各方应相互递送各自法院对缔约另一方国民所作的生效裁决副本。第二十七条“关于以往犯罪的情报”：如果在缔约一方境内曾被判刑的人在缔约另一方境内被追究刑事责任，则该缔约一方应根据缔约另一方的请求免费提供以前判刑的情况。

3.《中华人民共和国和吉尔吉斯共和国睦邻友好合作条约》

2002 年 6 月 24 日《中华人民共和国和吉尔吉斯共和国睦邻友好合作条约》第五条第二款规定：“缔约一方不得允许在本国领土上成立损害缔约另一方主权、安全和领土完整的组织和团伙，并禁止其活动。”第十条规定：“缔约双方将加强在联合国、上海合作组织和其他国际和地区组织范围内的合作。在缔约双方都参见的上述组织审议缔约双方共同关心的地区和全球问题时，缔约双方将相互交换意见和进行磋商，以协调双方在这些问题上的立场。”第十二条规定：“缔约双方将根据本国法律和各自承担的国际义务，在双边和多边基础上开展合作，共同打击恐怖主义、分裂主义和极端主义，以及有组织犯罪、非法移民和非法贩运毒品和武器等犯罪活动。”①

4.《中华人民共和国和吉尔吉斯共和国关于打击恐怖主义、分裂主义和极端主义的合作协定》

2002 年 12 月 11 日《中华人民共和国和吉尔吉斯共和国关于打击恐怖主义、分裂主义和极端主义的合作协定》主要内容包括：②

第一，基本概念。恐怖主义：致使平民或武装冲突情况下未积极参与军事行动的任何其他人员死亡或对其造成重大人身伤害、对

① 刘晓红、倪正茂主编：《上海合作组织重要法律文件选编：2001—2017》，法律出版社 2019 年版，第 330—331 页。

② 刘晓红、倪正茂主编：《上海合作组织重要法律文件选编：2001—2017》，法律出版社 2019 年版，第 280—285 页。

物质目标造成重大损失的任何行为，以及组织、策划、共谋、教唆上述活动的行为，而此类行为因其性质或背景可认定为恐吓居民、破坏公共安全或强制政权机关或国际组织以实施或不实施某种行为，并且是依双方国内法应追究刑事责任的任何行为。分裂主义：旨在破坏国家领土完整，包括把国家领土的一部分分裂出去或分解国家而使用暴力，以及策划、准备、共谋和教唆从事上述活动的行为，并且是依据双方国内法应追究刑事责任的任何行为。极端主义：旨在使用暴力夺取政权、执掌政权或改变国家宪法体制，通过暴力手段侵犯公共安全，包括为达到上述目的组织或参加非法武装团伙，并且依据双方国内法应追究刑事责任的任何行为。

第二，合作内容。交流信息；执行关于进行快速侦查行动的请求；制定并采取协商一致的措施，以预防、查明和惩治本协定第一条第一款所指行为，并相互通报实施上述行动的结果；采取措施预防、查明和惩治在本国领土上针对另一方实施的本协定第一条第一款所指行为；采取措施预防、查明和阻止向任何人员和组织提供用于实施本协定第一条第一款所指行为的资金、武器、弹药和其他协助；采取唆使预防、查明、阻止、禁止并取缔训练从事本协定第一条第一款所指行为人员的活动；交换法律法规及其实施的材料；就预防、查明和惩治本协定第一条第一款所指行为交流经验；通过各种形式，培训、再培训各自专家并提高其专业素质；经双方相互协商，就其他合作形式达成协议，包括必要时，在惩治本协定第一条第一款所指行为及消除其后果方面提供实际帮助。如就此达成协议，缔结相应的议定书，该议定书构成本协定不可分割的一部分。

第三，交换情报的内容。准备实施及已经实施本协定第一条第一款所指行为的情报，已经查明及破获的企图实施上述行为的情报；对国家元首及其他国家领导人，外交代表机构、领事机构和国际组织的工作人员，其他受国际保护人员以及国事访问，国际和国家政治、体育等其他活动的参加者准备实施本协定第一条第一款所指行为的情报；准备、实施及以其他方式参与本协定第一条第一款所指行为的组织、团体和个人的情报，包括其目的、任务、联络和其他信息；为实施本协定第一条第一款所指行为，非法制造、获取、储存、转让、运输、贩卖和使用烈性有毒和爆炸物质、放射性材料、武器、引爆装置、枪支、弹药、核武器、化学武器、生物武器和其他大规模杀伤性武器，可用于制造上述武器的原料的设备的情报；已查明涉及或可能涉及本协定第一条第一款所指行为的资金来源的情报；实施本协定第一条第一款所指行为的形式、方法和手段的情报。

（三）中吉反恐怖合作的具体领域

1．刑事司法协助

依据上海合作组织框架下的多边条约以及中吉双边协定，中国与吉尔吉斯斯坦可开展的刑事司法协助包括：

其一，引渡。根据1998年4月27日签订的《中华人民共和国和吉尔吉斯共和国引渡条约》，缔约双方有义务根据本条约的规定，经请求，相互引渡在本国境内的人员，以便追究其刑事责任或根据已生效的判决执行刑罚。详言之，可引渡的罪行包括：就本条约而言，可引渡的犯罪系指根据缔约双方法律均构成犯罪并可处以以下刑罚的犯罪：依照中华人民共和国法律可处以至少一年有期徒刑或更重的刑罚；依照吉尔吉斯共和国法律可处以至少一年剥夺自由的刑罚或更重的刑罚。应当拒绝引渡的情形包括：被请求引渡人系被请求方国民；被请求方根据本国法律，已给予被请求引渡人受庇护的权利；在收到引渡请求时，根据被请求方的法律，由于时效或者其它法律理由被请求引渡人已被免予追诉或执行刑罚；在收到引渡请求前，被请求方主管机关已对被请求引渡人就同一犯罪作出发生法律效力的判决或者诉讼程序已经终止。可以拒绝引渡的情形包括：根据被请求方法律，该方对引渡请求所涉及的犯罪具有管辖权。在此情况下，被请求方应根据请求方的请求对被请求引渡人提起刑事诉讼；如果被请求方在兼顾到引渡请求所涉及的犯罪的性质和请求方利益的同时认为，因被请求引渡人的年龄、健康或其他个人原因，引渡该人不符合人道主义原则；被请求方正在对被请求引渡人就同一犯罪进行刑事诉讼；根据缔约一方的法律，属于受害人告诉才受理的刑事案件。中国已成功从吉尔吉斯斯坦引渡了暴力恐怖分子，成为国际社会司法合作的典范。①

其二，其他刑事司法协助形式。具体包括：相互代为询问证人、被害人、鉴定人，讯问犯罪嫌疑人和被告人；进行搜查、鉴定、勘验以及其他与调查取证有关的诉讼行为；移交物证、书证以及赃款赃物；送达刑事诉讼文书；并通报刑事诉讼结果。

2. 反极端主义合作

2018 年 6 月 6 日签署的《中华人民共和国和吉尔吉斯共和国关于建立全面战略伙伴关系联合声明》中指出："双方将在宗教领域加强信息、经验、国家政策实践交流合作，预防极端主义思想传播。"② 中国与吉尔吉斯斯坦开展反极端主义合作的主要依据是 2017 年 6 月 9 日签署的《上海合作组织反极端主义公约》，具体内容包括：

其一，司法协助。各方将本公约所涵盖且依据本国法律应追究刑事责任的犯罪视为可适用引渡、移管和司法协助的犯罪。当涉及引渡和提供司法协助时，应当遵守双重犯罪的原则。法人涉嫌实施的本公约所涵盖的犯罪及其应当承担的法律责任，根据本国国内法确定。

其二，情报协作。为打击极端主义，各方主管机关可主动或者根据请求相互提供涉及本公约有关问题的情报，提供情报时要考虑到国内法关于保护个人信息的要求。除非请求方主管机关与相关方另有约定，各方主管机关不得泄露请求事宜及其内容，且只能用于

---

① 王志亮主编：《上海合作组织刑事司法合作研究》，苏州大学出版社 2016 年版，第 212 页。

② 《中华人民共和国和吉尔吉斯共和国关于建立全面战略伙伴关系联合声明》，《人民日报》2018 年 6 月 7 日第 3 版。

执行请求；各方主管机关应对被请求方转交的材料保密，只能在调查、法庭审理或者执行请求规定的程序范围内使用。

其三，出境侦查。如对涉嫌或者被指控实施本公约所涵盖犯罪的人员进行侦查的请求方确定犯罪嫌疑人已进入被请求方境内，经被请求方主管机关同意，可派人进入被请求方境内参加对涉嫌或者被指控实施犯罪人的侦查。被派遣到被请求国的请求方主管机关人员应当根据被请求方法律和双方共同缔结或者加入的国际条约的规定参加在被请求方境内进行的侦查。被请求方应根据请求方的请求，确定接受请求方人员参加侦查行动的办法。

其四，其他合作。一是证据效力的确认。被请求方主管机关根据本国法律执行请求过程中获取的证据，与在请求方境内获得的此类证据，具有同样的法律效力。二是司法判决的承认。在执行没收参与实施本公约所涵盖犯罪的自然人或者法人财产的决定时，被请求方应承认请求方对第三方权利作出的司法判决，除非：第三方没有足够的条件主张自己的权利；第三方有充分理由主张自己的权利；该判决与被请求方的判决相抵触；该判决与被请求方法律相抵触；该判决有违背请求方国内法规定的排他性司法管辖条款；该判决有违背被请求方的基本法定程序。三是关于文书的规定。根据本公约提交的文书应免除各种形式的认证手续；各方应当在本国境内采取必要措施，防止向参与实施本公约所涵盖犯罪而被一方通缉的人员提供证明难民地位的文书。四是法人责任的追究。为追究参与实施本公约所涵盖违法犯罪活动的法人的责任，一方应当根据另一方请求依国内法采取以下必要措施：查封其可能被依法没收的财产；冻结法人的资金或财产；暂时取缔其部分活动。五是财产的没收。为确保没收的实施，各方应当依据本国法律采取以下措施：扣押钱款、有价证券、贵重物品及其他用于（或者已用于）购买武器或实施违法犯罪活动工具的财产，或者用于资助本公约所涵盖的违法犯罪活动的财产；如无法扣押本条所述财产，应当确保没收与之价值相当的钱款。①

为强化对极端主义的遏制与打击，中国与吉尔吉斯斯坦应在以下方面继续深化合作：第一，继续落实《上海合作组织反极端主义公约》的相关规定，特别是坚决履行第七条、第八条、第九条和第十条对缔约各国赋予的国内反极端主义法制与相关措施的建设和推进义务。第二，凝聚“反对一切形式的恐怖主义”的基本立场，逐步缩小中吉双方在恐怖主义、极端主义方面的认知的差距，直至达成统一的恐怖主义、极端主义概念，包括在中吉两国刑法对恐怖主义犯罪、极端主义犯罪的界定。第三，加强中吉在极端主义情报领域的合作，推进两国对外国恐怖战斗人员犯罪矫治的经验交流，充分利用高科技手段有效防控和打击跨国极端组织和极端个人。

3. 其他反恐领域合作

其一，反恐军事合作。2002 年 10 月，中国与吉尔吉斯斯坦两国举行了双边联合反恐演习。此次反恐演习是上海合作组织内部首次举行的双边反恐军事演习，一方面是落实《上海合作组织宪章》和《打击恐怖主义、分裂主义和极端主义上海公约》的具体行动，另一方面也表明了中国和吉尔吉斯斯坦的相互信任，对进一步维护两国边境有着非常重要的意义。

其二，反恐融资合作。2004 年 10 月，中国与俄罗斯、哈萨克斯坦、塔吉克斯坦、吉尔吉斯斯坦、白俄罗斯共同作为创始成员国在莫斯科成立欧亚反洗钱与反恐融资小组。

---

① 刘晓红、倪正茂主编：《上海合作组织重要法律文件选编：2001—2017》，法律出版社 2019 年版，第 200—212 页。

参考文献

1. 胡联合：《全球反恐论——恐怖主义何以发生与应对》，中国大百科全书出版社 2011 年版。

2. 倪世雄：《当代西方国际关系理论》，复旦大学出版社 2001 年版。

3. 刘晓红、倪正茂主编：《上海合作组织重要法律文件选编：2001—2017》，法律出版社 2019 年版。

4. 李琪：《历史记忆与现实侧观：中亚研究》，中国社会科学出版社 2016 年版。

5. 冯卫国、兰迪、苟震：《反恐怖与去极端化前沿问题探究》，中国政法大学出版社 2018 年版。

6. 戚振宏编著：《上合组织命运共同体建设：机遇和挑战（2020）》，世界知识出版社 2020 年版。

7. 吴宏伟主编：《中亚安全与稳定研究》，社会科学文献出版社 2017 年版。

8. 王志亮主编：《上合组织刑事司法合作研究》，苏州大学出版社 2016 年版。

9. 肖斌：《上海合作组织》，社会科学文献出版社 2019 年版。

10. 徐步主编：《上海合作组织 20 年：成就和经验》，世界知识出版社 2021 年版。

11. 余建华等著：《恐怖主义的历史演变》，上海世纪出版集团 2015 年版。

12. 余潇枫主编：《非传统安全概论》，北京大学出版社 2020

年版。

13. 中国上海合作组织国家研究中心编著：《上海合作组织：回眸与前瞻（2001—2018）》，世界知识出版社 2018 年版。

14. 张家栋：《恐怖主义论》，时事出版社 2007 年版。

15. 张金平：《当代恐怖主义与反恐怖策略》，时事出版社 2019 年版。

16. 张小虎主编：《犯罪学》，中国人民大学出版社 2013 年版。

17. 赵秉志等编译：《外国最新反恐法选编》，中国法制出版社 2008 年版。

18. 赵秉志主编：《国际恐怖主义犯罪及其防治对策专论》，中国人民公安大学出版社 2005 年版。

19. 朱永彪、任彦：《国际网络恐怖主义研究》，中国社会科学出版社 2014 年版。

20. ［英］普里莫拉兹著，周展等译：《恐怖主义研究：哲学上的争议》，浙江大学出版社 2010 年版。

21. ［英］布莱克本（Blackburn，R.）著，吴宗宪等译：《犯罪行为心理学：理论、研究和实践》，中国轻工业出版社 2000 年版。

22. ［美］娜克丝著，陈庆、郭刚毅译：《反恐原理》，金城出版社、社会科学文献出版社 2015 年版。

23. ［美］奥德丽·克罗宁著，宋德星、蔡焱译：《恐怖主义如何终结：恐怖活动的衰退与消亡》，金城出版社 2017 年版。

24. ［德］卡尔·拉伦茨著，陈爱娥译：《法学方法论》，商务印书馆 2005 年版。

25. ［法］E. 迪尔凯姆著，狄玉明译：《社会学方法的准则》，商务印书馆 1995 年版。

26. 西北师范大学中亚研究院：《吉尔吉斯斯坦常用法律》，中国政法大学出版社 2019 年版。

图书在版编目（CIP）数据

上海合作组织框架内的反恐怖国际合作研究 / 穆兴天等著 . —北京：时事出版社，2023. 3

ISBN 978-7-5195-0529-5

Ⅰ. ①上… Ⅱ. ①穆… Ⅲ. ①反恐怖活动—国际合作—研究 Ⅳ. ①D815. 5

中国国家版本馆 CIP 数据核字（2023）第 031981 号

出 版 发 行：时事出版社
地　　　址：北京市海淀区彰化路 138 号西荣阁 B 座 G2 层
邮　　　编：100097
发 行 热 线：（010）88869831　88869832
传　　　真：（010）88869875
电 子 邮 箱：shishichubanshe@ sina. com
网　　　址：www. shishishe. com
印　　　刷：北京良义印刷科技有限公司

开本：787 × 1092　1/16　印张：11　字数：165 千字
2023 年 3 月第 1 版　2023 年 3 月第 1 次印刷
定价：78. 00 元